Das Buch

»Mit dieser Arbeit unternehmen es zwei Mozartforscher
von bedeutendem Verdienst, anhand als authentisch ausgewiesener Primärquellen eine wichtige Facette Mozarts
zu beleuchten, und zwar jene, die bis spät ins zwanzigste
Jahrhundert hinein verschwiegen, umschrieben oder als
peinliches Seitengebiet bagatellisiert wurde: die der Fäkalkomik und der Analerotik. Hier wird, erschöpfend
und endgültig, Aufschluß vermittelt. Dieser ›intime‹ Teil
Mozarts braucht in Zukunft dokumentarisch nicht mehr
dagestellt zu werden, und wem der Sinn danach steht, ihn
psychologisch auszuwerten, wird ohne diese bis ins Schematische exakte Darlegung schwerlich auskommen.«
Wolfgang Hildesheimer

Die Autoren

Dr. jur. Joseph Heinz Eibl (1905–1982), Musiker und
Musiktheoretiker, beschäftigte sich seit 1950 intensiv mit
Leben und Werk Mozarts. 1968 übertrug ihm die Internationale Stiftung Mozarteum in Salzburg die Vollendung
der Gesamtausgabe der Briefe und Aufzeichnungen Mozarts.
Prof. Dr. Walter Senn (1904–1981), Musikwissenschaft-
ler, lehrte seit 1950 an der Universität Innsbruck und
gehörte dem Zentralinstitut für Mozartforschung in Salzburg an.

W0180402

Maria Anna Thekla Mozart, das ›Bäsle‹. Bleistift-Zeichnung, 1777/78
(Internationale Stiftung Mozarteum Salzburg)

Inhalt

Vorwort

von Wolfgang Hildesheimer

Mit dieser Arbeit unternehmen es zwei Mozartforscher von bedeutendem Verdienst, anhand als authentisch ausgewiesener Primärquellen eine wichtige Facette Mozarts zu beleuchten, und zwar jene, die bis spät ins zwanzigste Jahrhundert hinein verschwiegen, umschrieben oder als peinliches Seitengebiet bagatellisiert wurde: die der Fäkalkomik und der Analerotik. Obgleich ich – darüber weiter unten – in der Interpretation eines wesentlichen Punktes anderer Meinung bin als die beiden Autoren, halte ich diese Arbeit für exemplarisch. Hier wird, erschöpfend und endgültig, Aufschluß vermittelt. Dieser »intime« Teil Mozarts braucht in Zukunft dokumentarisch nicht mehr dargestellt zu werden, und wem der Sinn danach steht, ihn psychologisch auszuwerten, wird ohne diese, bis ins Schematische exakte Darlegung schwerlich auskommen: der »Eibl/Senn« wird als wertvolle Ergänzung und Bereicherung der, auch als »Bauer-Deutsch« bekannten, großen Mozart-Briefausgabe figurieren. Doch erschöpft sich das Verdienst dieser Arbeit keineswegs ausschließlich in der Gewissenhaftigkeit des Sammelns oder der Akribie in der Auswertung des Gesammelten, sondern betrifft auch den Reichtum an Hinweis und Nachweis, vor allem auf dem Gebiet der Umgangssprache des späten achtzehnten Jahrhunderts in Österreich und Süddeutschland, ihrem Gehalt an Vulgärausdrücken und ihrer in Salzburger Kreisen gepflogenen Anwendung. Der Leser lernt, zwischen individueller Spracheigenart und allgemeinem Sprachgebrauch zu unterscheiden, zwischen kombinatorischer Phantasie des Einzelnen und Gemeinplatz, und damit zwischen Wolfgang Amadeus Mozart, »den Mozarts« und den Salzburger Zeitgenossen. Zu alledem bekommt er die Wirkungsgeschichte – sofern man bei dieser scheinbar unter die Gürtellinie zielenden Korrespondenz von einer solchen sprechen kann – dieser Episode in Stichworten und dennoch kritisch vorgeführt. Es steht zu hoffen, daß hiermit Dokumentarbiographik von solchem Rang jene Schule mache, die sie bisher noch nicht hat, – vorausgesetzt allerdings, daß sie, wie in diesem Fall, den Gegenstand findet, der ihrer würdig ist.

Da es niemandem von uns zusteht, Mozarts verbale Äußerungen moralisch zu werten, dürfen wir nicht mit Begriffen wie einerseits »harmlos« oder »makellos«, andererseits »vulgär« oder gar »obszön« laborieren. Diese Kategorien sind hier fehl am Platz. Auch die beiden Autoren bedienen sich solcher Wertungen deutlich in Parenthese; sonst wäre dieses Vorwort nicht geschrieben worden. Wie ihnen geht es auch mir um wertfreie Interpretation des gegebenen Materials. Nun war es aber weder den beiden Autoren noch dem Verlag unbekannt, daß ich, was eine bestimmte Folgerung dieser Untersuchung betrifft, anderer Ansicht bin. Im Gegensatz zu Eibl und Senn meine ich – nicht als Einziger, doch wohl unter Vereinzelten – den Briefen Mozarts an das Bäsle und den sich aus ihnen ergebenden Erlebnisbildern zu entnehmen, daß es zwischen den beiden zu Sexualverkehr gekommen ist. Dies ist weder der Ort, die Ursachen meiner Überzeugung aufzuzählen, noch die Gelegenheit, den hier geäußerten wohlfundierten Schlüssen Gegenargumente vorzuhalten. Schließlich mache ich mich ja nicht zum advocatus diaboli, sondern höchstens zum advocatus dissentis. Die sexuelle Abstinenz-Theorie – d. h. die These, daß hier zwei etwa Zwanzigjährige, die sich eigentümlich zueinander hingezogen fühlten, und dies in einem Zeitalter mäßiger Sittenstrenge, sich der letzten Konsequenz dieser gegenseitigen Anziehung enthalten haben – hat, auch wenn wir von den Sauberkeitsfanatikern absehen, zu denen weder die beiden Autoren noch ich gehören, starke und ehrliche Befürworter gefunden, deren Argumente freilich sehr verschieden sind. So fragen Eibl und Senn, wo und wann sich denn Wolfgang und sein Bäsle zu heimlicher Liebesausübung getroffen haben sollten. Darauf wäre zu antworten: der Gemeinplatz, daß Liebe erfinderisch mache, – an dem in diesem Fall auch ich mich ansiedle –, könnte wohl dahingehend erweitert werden, daß der Wunsch nach Vollzug erotischer Anziehung auch für den Ort und den Zeitpunkt sorge, an dem und zu dem sie stattfinde. Stichhaltiger freilich für das Argument des Nichtvollzugs erscheint mir die von den beiden Autoren angeführte Stelle aus dem Brief Mozarts an seinen Vater vom 15. Dezember 1781: » . . .dahero kann ich auch schwören daß ich noch mit keiner frauens-Person auf diese art etwas zu thun gehabt habe. – denn wenn es geschehen wäre, so würde ich es ihnen auch nicht verheelen . . .«

Bekanntlich kämpfen wir gegen Zweifel vergebens. Zwar bin ich weit davon entfernt, diese briefliche Äußerung des damals beinah Sechsundzwanzigjährigen als eine philisterhafte Lüge zu betrachten, – andererseits kennen wir ja diese radikalen Wechsel in Mozarts Verkleidungen, die er eben nicht nur bewußt vollzog, sondern denen er auch unbewußt oblag. Dennoch soll meine Sicht dieser Briefpassage hier nicht als Entgegnung aufgestellt sein. Sie entspricht meiner Überzeugung, die ich an dieser Stelle eben gerade deshalb aussprechen darf, weil der Leser den Gegenstandpunkt ausführlich von ebenso überzeugter und wahrscheinlich überzeugenderer Seite dargelegt bekommt. Und in der Tat sollte man meinen: diese Worte Mozarts, diese geradezu vehemente Beteuerung seiner Virginität, zu der sein Vater ihn ja nicht aufgefordert hatte, kann kaum erheuchelt, sondern muß echt sein. Sie klingt ehrlich, und zwar absolut und unbedingt. Hier stellen sich auch »Seelenkundige«, mit denen ich die Frage erörtert habe, auf die Seite Eibls und Senns. So weist mich der New Yorker Psychoanalytiker K. R. Eissler darauf hin, daß das bei Mozart seltene Wort »schwören« diesen Worten den Nachdruck ernsthafter Wahrheit verleihe. Überdies meint er, daß es zwar »zu allerhand sexuellen Spielereien zwischen Mozart und dem Bäsle gekommen« sei, doch das Faktum des Sexualverkehrs hätten, seiner Ansicht nach, »diese regressiven Briefe an das Bäsle ausgeschlossen«, wobei er sich vor allem auf das vielfach wiederholte »warum nicht?« in Mozarts Brief vom 3. November 1777 bezieht, das wohl nicht zuletzt zu bedeuten habe, daß die Cousine sich dem Vetter versagt habe. Freilich sei Mozart, so urteilt Eissler, »mit Frauen wohl nicht aktiv, sondern eher schüchtern gewesen« und habe »auf Zögern ihrerseits empfindlich reagiert«. All dies schließe nicht aus, daß das Bäsle auf seinen Wortwitz mit der gleichen Ausgelassenheit angesprungen sei. Diese Thesen leuchten ein, während das von Eissler, freilich nur zur Erwägung herangezogene Hindernis der »Inzestschranke« weniger überzeugt: Mozart und das Bäsle, zwar eng verwandt, trafen als Fremde aufeinander. Zudem haben wir im achtzehnten Jahrhundert eklatante Fälle von echtem Inzest, nicht nur ungesühnt, sondern auch ungerügt.

Der eruptive Stil der Bäslebriefe, die Akkumulation der Bilder und das schwelgerische Verweilen auf der Analsphäre mögen sehr wohl eine Art der Ersatzbefriedigung darstellen, ein Ausweichen auf die Ebene des Verbalen, und es sei zugegeben, daß diese Äußerungen keinen Beweis für eine echte Sexualbeziehung erbringen.

Wenn ich bei der Divergenz der Meinungen über dieses Kapitel in Mozarts Leben über Gebühr lang verweilt habe, so gilt diese Ausführlichkeit nicht dem Beharren auf Widerspruch, sondern der Erweiterung des Themas, wie die Autoren Eibl und Senn es sich gesetzt haben. Das »audiatur et altera pars« gehört zu ihm. Denn es kommt weniger darauf an, »Recht zu behalten«, als auf die Wahrhaftigkeit der Darstellung, auf die Qualität und die Genauigkeit der Auseinandersetzung und damit auf die objektive Darlegung des In-Frage-Gestellten. Es ist nicht nur ergiebig, sondern auch wohltuend, eine dokumentarbiographische Interpretation zur Hand zu nehmen, in der jede Richtigstellung vergangener Fehlurteile fundiert, jede Behauptung ohne die eifernde Gebärde des Rechthabers aufgestellt wird, und vor allem: ohne den Affekt des Verteidigers dessen, was er für »sittlichen Ernst« hält. Wir haben es mit einem Kommentar für Eingeweihte zu tun, für jene nämlich, die, wie die beiden Autoren, stets im Auge behalten, mit welcherart Gestalt sie es bei Mozart zu tun haben.

Einleitung

Die »Bäsle-Briefe« – die Mozart nach seinem Besuch in Augsburg, vom 11. bis 26. Oktober 1777, an Maria Anna Thekla, die Tochter seines Onkels Franz Alois Mozart, gerichtet hatte – stehen noch immer isoliert und sind in das »Brief-Oeuvre« nicht eingebunden. Ist die große Anzahl der in der Familienkorrespondenz genannten Personen nahezu vollständig identifiziert und kommentiert, so fehlen Versuche, den durch die Zeit und Umwelt geprägten Schreibstil zu erfassen und zu erläutern. Die Briefe wurden und werden in die jeweilige Gegenwart projiziert und, ohne Rücksicht darauf, daß sie einer versunkenen Epoche angehören, deren Sitte und Brauch im Alltag des Lebens mehr oder weniger unbekannt sind, subjektiv beurteilt. So erscheint der 21jährige Wolfgang Amadeus durch die Bäsle-Briefe wegen angeblich anstößiger, »unanständiger« und sogar »erotisch« mißdeuteter Wendungen geradezu suspekt – die Wiener Tratscherei von den »Stubenmädeleien« mag dazu beigetragen haben –, sogar den Verdacht intimer Beziehungen mit dem Bäsle zu erwecken. Waren Mozarts als anzüglich interpretierte Späße nicht auch die Ursache, ihm Liebschaften mit der Jungfer Tanzmeister Mitzerl und mit der Sallerl Joly anzudichten? Bis Friedrich Breitinger, zum Gelächter der Wissenden, die »Anzüglichkeiten« als Späße mit Frauen im kanonischen Alter aufklären konnte.

Die Witwe Mozarts, Constanze, wußte besser Bescheid, als sie schmunzeld die Briefe an das Bäsle las: Hier tobte der Schalk seinen Übermut aus – fast kindlich-naiv, mitunter nicht ohne Selbstironie, wenn sich Mozart von der Bürde des ihm wie von einem inneren Zwang auferlegten Schaffens befreite –, mit überschäumender Phantasie, die in Übertreibungen hineingesteigert ist, mit Witz, Spaß, Ausgelassenheit, Spitzbüberei – kaum ein Wort, das ernst zu nehmen ist. Tatsächlich verbirgt er sich hinter einer Maske, wenn er sich seinen Mitmenschen gegenüber als Spaßmacher gebärdet; was ihn wirklich bewegte, will er Verständnislosen nicht preisgeben. Obwohl sie es weiß, hegt Constanze doch Bedenken wegen einer Veröffentlichung und schreibt 1799 an Breitkopf & Härtel, die Unterlagen für eine Biographie Mozarts sammelten: »die freilich geschmacklosen, aber doch sehr wizigen briefe an seine Base verdienen auch wohl eine Erwähnung, aber freilich nicht ganz gedrukt zu werden.«

Ein Teil dieser Briefe gelangte später in den Besitz von Carl Thomas Mozart in Mailand, der sogar daran dachte, die Briefe des Vaters der darin enthaltenen »derben Späße halber« zu vernichten – so äußerte er sich 1818 zu einem Besucher, Wilhelm Speyer, dem Frankfurter Komponisten; Speyer, mit dem Carl Thomas in der Folgezeit freundschaftlich verbunden blieb, ist es wohl zu verdanken, daß die Briefe nicht als Verlust zu beklagen sind. (Hat Carl Thomas die verschollenen Briefe vom 27. oder 28. Oktober 1777 und vor dem 24. April 1780 vielleicht doch vernichtet?)

Welcher Wandel in der Beurteilung spielte sich während der Zeitspanne ab, seit Mozart dem Bäsle geschrieben hatte? – Während sich einst Bürger, Bauer und Edelmann der gleichen Ausdrucksweise bedienten, ist mit dem Aufstieg einer Bevölkerungsschicht zu einem Stand mit einer mehr oder weniger höheren Bildung auch eine Verfeinerung von Sprache und Sitte verbunden. Die Grundschichten, vor allem die Bauern, halten aber an der urtümlichen Umgangssprache, die zum Dialekt deklassifiziert wird, und an der naturhaften, von den »Gebildeten« als derb-kräftig empfundenen Ausdrucksweise fest.

Zur Zeit Mozarts zeigte die Salzburger Mittelschicht zwar bereits einen gewissen Standesdünkel, aber in der Umgangssprache redete man, ohne Anstoß zu erregen, im rauhen Ton der Vorfahren. Wie abfällig apostrophierte doch Vater und Sohn Mozart die ungebildeten, ordinären Kapellkollegen!

Aber hat Leopold seinen Sohn zurechtgewiesen, als ihm dieser schrieb (16. 12. 1780), er würde sich am letzten Dekret des Erzbischofs »den Hintern geputzt haben«?

Verschiedene Komponenten, auch die gelehrten Zirkel der Großstädte, wirkten zusammen, daß an der Wende vom 18. zum 19. Jahrhundert eine Verfeinerung der Sprache und Sitten ausging. Derbkräftige Worte – im heutigen Sinn –, die man früher unbekümmert gebraucht, als natürlich oder als einen harmlosen Scherz aufgefaßt hatte – wurden nun als unästhetisch, als degoutant verpönt.

In Verbindung mit dem Wandel der Sprechweise steht auch, daß manche Wörter eine pejorative Bedeutung erhielten: »Pfaff« war früher die übliche Bezeichnung für einen Geistlichen, ebenso sind »Weib«, insbesondere »Weiber«, »das Mensch«, d. h. die Dienstmagd, Dirne u. a. abgewertet worden. Der Prozeß der Sprachverfeinerung und -reinigung nach ästhetischen Gesichtspunkten war so tiefgreifend, daß man binnen kurzem urtümliche, rauhe Worte der vergangenen Zeit nicht mehr verstand und mißdeutete. So gerieten auch die Bäsle-Briefe in ein schiefes Licht.

Die Bäsle-Briefe in der Mozart-Literatur (»nicht für Anstandsdamen bestimmt«, »nicht salonfähig«, »keine Komtessenliteratur«)

Georg Nikolaus Nissen, Constanzes zweiter Gatte, erwähnt in der Vorrede seiner Biographie W. A. Mozarts (1828), daß sich »gar zu kindische und gemeine Spässe ... in W. A. Mozart's Briefen von seinem 21sten Jahre« fänden; er sieht von dem Abdruck der Bäsle-Briefe daher ab. Otto Jahn publiziert in der 1. Auflage (1856) seiner Mozartbiographie nur »Auszüge« aus diesen, unter Weglassung derjenigen Stellen, die »das Schicklichkeitsgefühl und den Geschmack unserer Zeit verletzen«. 1880 veröffentlicht Gustav Nottebohm einige Briefe an das Bäsle, ebenfalls unter Eliminierung

»mehrerer das Schicklichkeitsgefühl verletzender Stellen«. Arthur Schurig nimmt in der 1. Auflage (1913) seiner Mozart-Biographie überhaupt davon Abstand, »die ob ihrer Schweinigeleien berüchtigten Bäslebriefe Wolfgangs (die in ihrer vollen Glorie nur Eingeweihten bekannt sind)« auch nur auszugsweise abzudrucken. Noch Ludwig Schiedermair hat in der 1914 erschienenen »Ersten kritischen Gesamtausgabe« der Briefe W. A. Mozarts und seiner Familie Bäsle-Briefe zwar wiedergegeben, jedoch »einige wenige, nebensächliche Worte, die als eine Wiederholung oder eine zu kräftige Steigerung vorhergehender derber Äußerungen erscheinen, . . .aus ästhetischen Rücksichten unterdrückt«. In der neueren Mozart-Literatur wird von dem Briefwechsel mit dem Bäsle gesagt, er sei »nicht für Anstandsdamen bestimmt«, er hätte »den alten Knigge zu hellichter Verzweiflung gebracht«, die Tonart der Bäsle-Briefe sei »nicht salonfähig« (Ernst Fritz Schmid), was davon bekannt wurde, sei »wirklich keine Komtessenliteratur« (Bernhard Paumgartner).

Das Motiv, die Briefe nicht abzudrucken, ist bei Nissen das Bestreben, »dem Ruhme und der Achtung« Mozarts nicht durch die Wiedergabe »unanständiger Ausdrücke« zu schaden. Bei Jahn, Nottebohm u. a. hat sich das Motiv für die Kürzung des Wortlauts insofern gewandelt, als nicht die Rücksicht auf Mozart, sondern auf die Leser, insbesondere Leserinnen (»Anstandsdamen«, »Komtessen«) entscheidend war. »Das Schicklichkeitsgefühl und der Geschmack der Zeit« soll maßgebend sein für die Auswahl der zu publizierenden Texte, sodaß Passagen ausgemerzt werden, die zwar Sprachgebrauch und Wortsinn der Mozartzeit zum Ausdruck bringen, nicht aber den geltenden »ästhetischen« Anschauungen entsprechen.

Selbst Nissen erkannte, daß durch den an der Wende vom 18. zum 19. Jahrhundert eingetretenen Wandel des Sprachniveaus die zu seiner Zeit als »unanständig« geltenden

Ausdrücke »es zu der Zeit, in dem Lande« – also zu Mozarts Zeit und im Salzburger Land – »weniger waren«. Zwar kritisch, aber in richtiger Erkenntnis der Distanz, die zwischen der Zeit, als Mozart dem Bäsle schrieb, und der Gegenwart liegt, äußerte sich Edward Speyer : »Diese Briefe zeigen uns den jugendlichen Mozart in der ausgelassensten Laune und sind in ihrer Überfülle von schnurrigen Geschichten und witzigen Einfällen dazu angetan, die Lachmuskeln unausgesetzt in Bewegung zu halten. Zeigen sich auch Mozarts Späße hier öfters als von recht bedenklicher Art, namentlich in Rücksicht darauf, daß die Briefe an ein junges Mädchen gerichtet sind, so ist dabei in Betracht zu ziehen, daß die Sitten und Gebräuche jener Zeit eben andere waren, als es unsere heutigen sind.« – Man wird daher die Briefe rückblickend und nicht »von unserer Zeit aus« beurteilen, man wird an gewisse Passagen nicht den Maßstab eines inzwischen gewandelten, »verfeinerten« Sprachstils, eines Knigge (von »Anstandsdamen« und »Komtessen«) anlegen müssen. Tut man es dennoch, so verfälscht man das Bild Mozarts und der Welt, in der er gelebt hat.

Es wird ferner gesagt, daß »diese Zeugnisse unter ihresgleichen ganz einzig dastehen« (Hermann Abert). Ist dies wirklich so? Die Bäsle-Briefe stellen, vom Gesamt der erhaltenen Briefe Mozarts aus – erst recht von der Gesamtausgabe der Briefe und Aufzeichnungen der Familie Mozart aus –, einen nur verschwindend kleinen Teil dar. Betrachtet man sie nicht isoliert, sondern als Teil der Familienkorrespondenz, in deren Kontext, so zeigt sich, daß die Bäsle-Briefe in Stil und Diktion keineswegs etwas völlig einzigartiges sind, ein Unikum darstellen. Dies ist im folgenden nachzuweisen.

Die Bäsle-Briefe innerhalb der Mozartschen Familienkorrespondenz

Mozart bekennt von sich selbst, er sei »gern lustig« (20. 12. 1777); noch im Juli 1791 erinnert er Constanze, »wie lustig und kindisch wir in Baaden beysammen waren«. Nissen sieht in den »Briefen von seinem 21sten Jahre« Zeugnisse von Mozarts »übermässigen Hang zur ausgelassenen Lustigkeit« und stellt fest, Mozart habe »die jugendliche Spassmacherey bis an seinen Tod« behalten. Zeugnis der fröhlichen, bis in die Kompositionstätigkeit wirkenden Grundstimmung ist z. B. das Autograph des Hornkonzerts KV 495 (1786), das scherzeshalber bunt durcheinander mit blauer, roter, grüner und schwarzer Tinte geschrieben ist, auch die launige Bemerkung auf dem Autograph des »Rondieaoux« des wahrscheinlich ebenfalls 1786 entstandenen Flöten-Quartetts KV 298 (»Allegretto grazioso, mà non troppo presto, però non troppo adagio. così-così – con molto garbo, ed Expreßione«), ebenso die Überschrift des Hornkonzerts KV 417: »Wolfgang Amadeus Mozart hat sich über den Leitgeb Esel, Ochs, und Narr erbarmt zu Wien den 27. May 1783« (mit dem Extra-Vermerk »Leitgeb Esel«); vgl. auch das Autograph des ebenfalls Joseph Leutgeb gewidmeten Rondos für Horn KV 514, das spaßeshalber mit »Vienna Venerdi santo li 6 Aprile 1797« datiert und mit zahlreichen scherzhaften Bemerkungen versehen ist (»Adagio – a lei Signor Asino, Animo – presto – su via – da bravo – Coraggio – bestia – oh che stonatura – Ahi! – ohimè – bravo – poveretto«; am Schluß steht: »grazia al Ciel! basta, basta!«). Ausdruck der heiteren Grundstimmung ist aber vor allem die vielfältig gestaffelte Skala von Wort-Spielen und -Scherzen in der Korrespondenz mit Familie und engerem Freundeskreis, insbesondere in den Jahren 1770 bis 1780, in der Mozart so schreibt, »wie er zu reden pflegt« (20. 12. 1777). In diese Periode fallen auch die Bäsle-Briefe.

Anrede (»Allerliebstes bäsle häsle«) – Schlußformel (»der alte junge sauschwanz«)

Mozarts Scherze beginnen bereits bei der Anrede. Den Brief vom 5. 11. 1777 leitet er ein mit
»Allerliebstes bäsle häsle !«.
Im Brief vom 23. 12. 1778 wandelt er den Reim ab zu
»liebstes bäsle, sey kein häsle«.
Er spricht die Cousine an als
»Anna Maria Schlosserin geborne Schlüsselmacherin« (3. 12. 1777).
Der dem Brief vom 13. 11. 1777 vorangestellten Aufforderung der Mutter »iezt schreib ihr einmahl einen gescheiden brief« kommt Mozart scheinbar durch die ernsthafte, formelle Anrede »Ma trés chére Niéce !« – d. i. der Verwandtschaftsgrad Maria Anna Theklas zu Mozarts Mutter, die durch die Anrede vorgeblich als Mit-Briefschreiberin eingeführt wird – nach; auch das folgende »Cousine !« hat als Verwandtschaftsgrad Wolfgangs zum Bäsle noch Sinn. Die Häufung der folgenden Verwandtschaftsbezeichnungen (»fille ! Mére, Sœur, et Epouse !«) aber ist offensichtlich nichts als Persiflage der vorhergehenden, also das Gegenteil von »gescheid«, nämlich spaßhaft. Bei »Ma très chère Cousine !« bleibt es in den weiteren Briefen vom 3. 12. 1777, 28. 1. 1778, 23. 12. 1778, 24. 4. 1780 und 23. 10. 1781. Lediglich den Brief vom 10. 5. 1780 versieht Wolfgang mit jener (weiter unten erörterten) blumigen Anrede, die, wie der Hauptinhalt des Briefes, bestimmt ist, das erzürnte Bäsle zu besänftigen.
Unkonventionell gestaltet Mozart meist auch die Schlußformel aus. Am 5. 11. 1777 verabschiedet er sich
» . . .wie allzeit der alte junge Sauschwanz
Wolfgang Amadé Rosenkranz«,
im Brief vom 13. 11. 1777 als
»trés affectioné Neveu et Cousin
Wolfg : Amadé Mozart«.

Den Brief vom 3. 12. 1777 beschließen die gereimten Zeilen
»Der aufrichtige wahre Vetter
bei schönen und wilden Wetter.
W. A. Mozart«.
(»Wetter« auf »Vetter« reimt Wolfgang auch in der Tage-
buch-Notiz vom 24. 8. 1780.)
»Der aufrichtige wahre Vetter« in diesem Brief bezeichnet
sich im nächsten Brief vom 28. 2. 1778 als »der nämlich
wahre vetter Wolfgang Amadé Mozart«, am 24. 4. 1780 als
»Dero gehorsamster Diener und aufrichtiger Vetter Wolfgang Amadè Mozart«, schließlich im Wiener Brief vom
23. 10. 1781 als »ihr aufrichtigster Vetter ud Frd [Freund]
Wolfgang Amadè Mozart«.

*Zahlenspielereien (Handküsse, Daten) – Umstellung und
Abwandlung von Worten – Synonymen-Häufung – Perso-
nen- und Objekt-Vertauschung – Reimereien*

In der Schlußformel des Bäsle-Briefs vom 5. 11. 1777
schreibt Mozart
»ich küsse sie 10000mahl«.
Er geht damit in der Zahl der brieflich übersandten Küsse
nicht über das in der Familie übliche hinaus; diese Zahl
bleibt sogar unter dem üblichen. Eine Untersuchung der
Schlußformeln der Familienbriefe in Bezug auf dieses Detail
ergibt nämlich, daß die Familienmitglieder (Leopold, Maria
Anna, Nannerl, Wolfgang) untereinander sich (Hand-)
Küsse bis zu geradezu astronomischen Zahlen (meist das
„vill“-fache davon) zu übermitteln pflegten: z. B.

1.000	am 13. 2. 1773, 16. 1. 1773,
	8. 11. 1777, 27. 12. 1777
10.000	am 16. 8. 1771, 19. 10. 1771,
	18. 12. 1772, 26. 12. 1772,
	11. 1. 1775
100.000	am 23. (24.)11. 1771,

	14. 11. 1772, 14. 11. 1777,
	20. 11. 1777, 17. 1. 1778
1.000.000	am 31. 8. 1771, 2. 1. 1773,
	14. 1. 1775, 11. 12. 1777
10.000.000	am 5. 12. 1772, 21. 7. 1773,
	8. 9. 1773
100.000.000	am 6. 2. 1773, 14. 8. 1773,
	28. 8. 1773, 20. 11. 1777
10.000.000.000	am 16. 11. 1771
100.000.000.000	am 23. 11. 1777
1.000.000.000.000.000.000	am 1. 12. 1777

Im Brief vom 24. 4. 1780 ist Wolfgang mit den Complimenten »an die Aeltern . . . und an alle gute freunde« des Bäsle nicht weniger großzügig:

»an dero Aeltern von uns 3^{en}, 2 Buben und ein Madl, 12345678987654321 Empfehlungen, und an alle gute freunde von mir allein 624, von meinem Vatter 100 und von Schwester 150 zusammen 1774 und summa summarum 12345678987656095 Complimente«.

Dieses Phantasie-»Rechen-Exempel« mit den bis zu 17-stelligen Zahlen ist selbst innerhalb der Familienbriefe ein Unikum. Sollte sich Mozart der »Künste von der Rechenkunst«(Brief vom 21. 4. 1770) erinnert haben? Noch fast 20 Jahre später schreibt Mozart in der Schlußformel des Briefes vom 16. 4. 1789 an Constanze zärtlich-scherzhaft: »ich küsse und drücke dich 1095060437082 mal|: hier kannst du dich im aus-sprechen üben :|«

Auch die Brief-Datierung – regelmäßig an den Schluß gesetzt – bezieht Mozart in seine Scherze ein: Den Bäsle-Brief vom 5. November (!) 1777 datiert er:

»Miehnnam ned ^{net}5 rebotco 7771«,

ähnlich wie seinerzeit den Brief aus Mailand:

»Milano à 2771 novembr: 12 den« (recte 21.11.1772),

einen Brief aus Wien:

»neiw ned 12 tsugua 3771« (recte 21.8.1773),

einen Münchner Brief:

»den 1774 sten 30. Anno Decembre«,

einen Brief aus Augsburg:

»den 25 octobrich, 1700 Siebenzigich« recte 25. 10. 1777).

Wie er 1775 in München seine Zeilen an Nannerl mit der unsinnigen Zeit- und Ortsangabe

»Mayland. den 5 May 1756«

versieht, datiert er den Salzburger Brief an das Bäsle ebenso unsinnig auf

»den 10 ten May 1709ni«,

damit auch die meisten Brief-Herausgeber düpierend, die glauben, der Brief sei 1779 geschrieben. Vater und Sohn Mozart machen ferner den gleichen Scherz mit der Jahreszahl 1771. Leopold schreibt:

»Mayland den 5 ten Januar anno hinten wie vorn, und in der mitte doppelt« (1771),

Wolfgang:

»Roma . . .

il 25 aprile anno 1770.

nel'anno venturo 1771

hinten wie vorn

und in der mit doppelt«.

Scherzhaft gemeint sind auch die Phantasienamen, die sich Mozart (meist als Brief-Unterschrift) beilegt, ebenso wie die Angabe seiner sämtlichen Vornamen.

Mit Phantasie-Namen unterzeichnet Mozart in den Bäsle-Briefen vom 5. 11. 1777 und vom 10. 5. 1780:

» . . .Sauschwanz« (mit dem Reimwort »Rosenkranz«),

»Edler v: Sauschwanz«,

in anderen Briefen:

»Edler von hochenthal

freünd des zahlhausens« (26. 1. 1770),

»franz v: Nasenblut« (18. 1. 1775).

(Die ganzen an Nannerl gerichteten Zeilen, die Wolfgang mit »franz v: Nasenblut« unterschreibt, sind natürlich ein

Scherz: Nannerl weilte ja, wie Wolfgang selbst, seit dem 4.1.1775 in München, um der Uraufführung der ›Finta giardiniera‹ beizuwohnen.)

Die Bildung solcher Phantasienamem war Mozart jedenfalls aus den komischen Interludien zu den Schuldramen geläufig; so treten im Interludium von ›Ozama in Indiis Rex‹ (1759) von Johann Ernst Eberlin auf: »Marquis von Lügenfeld«, »Herr Dummhirn«, »von Gerneadel«.

Mit allen Vornamen nennt sich Wolfgang in Briefen vom 10.5.1780:

»Joannes Chrisostomus Sigismundus Amadeus Wolfgangus Mozartus«,

am 14.11.1777:

»johannes Chrisostomus Amadeus Wolfgangus sigismundus Mozart«,

am 31. 10.1777:

»Joannes Chrisostomus sigismundus Wolfgang gottlieb Mozart«,

am 16.12.1774:

»johannes chrisostomus Wolfgangus Amadeus Sigismundus Mozartus«,

zu »sigismundus« erläutert Mozart (31.10.1777):

»so heiss ich mit dem fürm–Namme!«

(Wann – vielleicht 1769 –, wo, von wem Mozart gefirmt wurde und wer sein Firmpate war, konnte bisher nicht festgestellt werden.)

Das Spiel mit der Umstellung von Wörtern innerhalb eines Satzes treibt Wolfgang auch in den Bäsle-Briefen. Am 5.11.1777 schreibt er:

»ich sage ihnen eine sache menge zu haben, sie glauben es nicht gar können; aber hören sie morgen es schon werden.«

(Das soll heißen: »ich habe ihnen eine menge sachen zu sagen, sie können es gar nicht glauben; aber morgen werden sie es schon hören.«)

Im gleichen Brief teilt er mit:

»heüt den schreiben fünfte ich dieses.«

(Statt: »heüt den fünften schreibe ich dieses.«)

Derartige »Wort-Spiele« – Umstellung von Wörtern, kombiniert mit der Umstellung von Buchstaben – kommen um die gleiche Zeit im Brief Wolfgangs vom 26. 11. 1777 an den Vater vor:

»Ich kan gecheüt nichts heüts schreiben, denn ich heis völlig aus den biel. der hapa üble es mir nicht Müssen Paben, ich so halt einmahl heüt bin, ich helf mir nicht können. wohlen sie leb. ich gute eine wünsche nacht. sunden sie geschlaf. werdens nächste ich schon schreiber gescheiden«.

(Auflösung: »Ich kann heute nicht gescheit schreiben, denn ich bin völlig aus dem Häusl. Der Papa muß es mir nicht übel haben [aufnehmen], ich bin heute halt einmal so, ich kann mir nicht helfen. Leben Sie wohl. Ich wünsche eine gute Nacht. Schlafen Sie gesund. Nächstens werde ich schon gescheiter schreiben.«)

Schon früher hatte Wolfgang solche Späße mit seiner Schwester gemacht. In der für sie bestimmten Nachschrift zum Brief Leopold Mozarts vom 21. 11. 1772 aus Mailand schreibt Wolfgang:

»wohle leb, und neue mir bald was schreibes. die Teutschland vom Post ist noch nicht angekommen. . . Ich sonst wie bin Mozart Wolfgang.«

(Auflösung: »Lebe wohl und schreibe mir bald was neues. Die Post von Deutschland ist noch nicht angekommen . . . Ich bin wie sonst Wolfgang Mozart.«)

Am 16. 1. 1773 berichtet er der Schwester, wiederum aus Mailand:

»Ich vor habe den primo eine homo motteten machen welche müssen morgen bey Theatinern den producirt wird. seyet auf wohl ich eüch bitte.«

(Auflösung: »Ich habe für den primo homo [uomo] eine Motette machen müssen, welche morgen bei den Theatinern produziert wird. Seid wohlauf, bitte ich Euch.«)

Während des Münchner Aufenthalts anläßlich der Vorbereitung für die Uraufführung der ›Finta giardiniera‹ schreibt Wolfgang an Nannerl (30. 12. 1774):

»ich sehe dich bald in München zu hoffen.«

(Statt: »ich hoffe dich bald in München zu sehen.«)

Dann fragt er: „ist es wahr, daß der hagenauer zu wien Profeßor der bildhauerey worden?

der H: v: Mölk hat es den P: wasenau geschrieben«.

Natürlich hat nicht »der H: v: Mölk ... es den P: wasenau geschrieben«, sondern umgekehrt der Pater Wasenau in Wien dem Herrn von Mölk (Vertauschung von Absender und Adressat), und wenn Wolfgang weiter schreibt: »dan der brief hat mir seinen Pater wasenau gelesen«, dann liegt nicht nur eine Wortumstellung (wie in den obigen Fällen) vor, sondern auch eine Personen-Vertauschung wie die eben erwähnte: Nicht der Pater Wasenau, der ja in Wien lebt, hat Wolfgang den Brief vorgelesen, sondern der in München weilende Franz von Mölk.

Eine derartige »Personen-Vertauschung« findet sich auch im Bäslebrief vom 3. 12. 1777:

»Der Herr Vetter, Fr: Baas und Jungfr: Baas empfiehlt sich meiner Mamma und mir. Sie waren schon in Aengsten, daß wir etwa krank wären, weil sie so lang keinen Brief von uns bekommen haben. Vorgestern sind sie endlich mit unserm Brief vom 26ten Nov. erfreuet worden und heute als den 3ten Decebr. haben Sie das Vergnügen mir zu antworten.«

Gemeint ist: »Meine Mamma und ich empfiehlt sich dem Herrn Vetter, Fr: Baas und Jungfr: Baas. Wir waren schon in Aengsten, daß sie etwa krank wären, weil wir so lang keinen Brief von ihnen bekommen haben. Vorgestern sind wir endlich mit ihrem Brief vom 26ten Nov. erfreuet worden und heute als den 3ten Decebr. habe ich das Vergnügen ihnen zu antworten.«

Auch der nächste Satz dieses Briefes bringt eine derartige Vertauschung:

»Ich werde Ihnen also das Versprochene halten? – Nu das freut Sie.«

Richtig heißt es: »Sie werden mir also das Versprochene halten? – Nu das freut mich.«

Nicht nur Personen »vertauscht« Mozart, sondern auch Sachen, wie in dem folgenden Satz:

»Vergessen Sie nur auch nicht München nach der Sonata zu komponiren, denn was man einmal gehalten hat, muß man auch versprechen, man muß allezeit Wort von seinem Mann seyn.«

(3. 12. 1777) Wolfgang will sagen, er werde nicht vergessen, die für Josepha Freysinger bestimmte »Sonata« »nach München« zu komponieren, »denn was man einmal versprochen hat, muß man auch halten . . .«.

Im gleichen Brief ersetzt Mozart Personen durch Orte:

»Doch ietzt glaub ich wird Mannheim bald abreisen. Doch kann Augsburg von Ihnen aus noch immer nach mir schreiben und den Brief an Mannheim addressiren bis auf weitere Nachricht.«

Gesagt werden soll: »Doch ietzt werde ich, glaub ich, bald von Mannheim abreisen. Doch können Sie von mir aus noch immer an mich schreiben und den Brief nach Mannheim addressiren . . .«.

Eine ähnliche Vertauschung von Person und Objekt findet sich noch in einem späten Brief (5. 6. 1791) an Constanze:

»Ich hoffe daß Dir mein Brief gleich bei seinem Absteigen die Sabinde eingehändigt hat – und nachdem Du die Sabinde wirst gelesen haben, so wirst Du wohl zufrieden gewesen seyn, daß ich den Brief habe nach Baaden fahren lassen. – Der Brief hat heute nacht bei mir geschlafen, und die Sabinde habe ich heute früh geschrieben – ß – ß – a.«

(Vertauscht wird »Brief« und »Sabinde«, wohl ein Dienstmädchen der Mozarts.)

Modelle dieser Art finden sich wieder in Mozarts Mitteilungen an die Schwester. Am 21. 11. 1772 schreibt er:

»Ich werde es meinen wohlfeilen freünden nicht vor übl haben, daß er mir nicht geantwortet hat, so bald er wird mehr zeit haben, wird er mir gewiß . . . antworten.«

Gemeint ist: »Meine wohlfeilen freünde werden es mir nicht vor übl haben, daß ich ihnen nicht geantwortet habe. so bald ich werde mehr zeit haben, werde ich . . . antworten.«

(»wohlfeile«, d.s. billig, gerecht denkende Freunde, die berücksichtigen, daß es Wolfgang an der Zeit mangelt, umgehend zu antworten. Als »wohlfeuler freünd« spricht Mozart im Brief vom 15.9.1773 den ihm befreundeten Heinrich Wilhelm von Hefner an.)

Am 9.1.1773 schreibt Wolfgang:

»von H: von schidenhofen, hefner und andern gute blut und beinner freünde und freündinen habe ich complimenten auszurichten, absonderlich von der frau hofkanzlerin.«

Er will natürlich »Complimenten« an (und nicht »von«) »H: von schidenhofen . . . absonderlich an die frau hof-kanzlerin« ausgerichtet wissen.

(»blut und beinner freünde« ist Wolfgangs eigengeprägter Komparativ von »Blutsfreunde«.)

Auch Wolfgangs Frage vom 4.8.1770:

»Und H. Edler Karl v Vogt? würdigt er sich noch eure unerträgliche Stimme anzuhören?«

ist eine Verdrehung. Er will sagen: »Und H. Edler Karl v Vogt? würdigt er euch noch, seine unerträgliche Stimme anzuhören?«

Im Brief vom 2.10.1777 ist in die Wort-Umstellungen auch die (noch in anderem Zusammenhang zu erwähnende) in den kirchlichen Gebeten immer wiederkehrende und daher Mozart vertraute Formel »von nun an bis in Ewigkeit amen« eingeschaltet, die auch in den Bäsle-Briefen vorkommt:

»ich wünsche halt eine rechte ruhsame nacht, und bessere einen guten wunsch, in hören, bald zu hoffen, daß der gesunde völlig Papa ist. ich verzeihe um bitte wegen meiner abscheulichen schrift, aber Dinten, Eule, schlaf, traum, und alles halt. – – – ich Papa ihnen, Mein allerhändigster küssen, 1000 mahl die liebsten, und meine umarmung, die herzen, schwester ich von ganzen Canaglien, und bin von nun an bis in Ewikeit amen Wolfgang gehorsamster dero Amadé Mozart sohn.«

(Mit »Canaglie« apostrophiert Wolfgang seine Schwester mehrmals scherzhaft in den Briefen von der Pariser Reise.)
In die Kategorie des »Wort-Spiels« gehören auch die in den Bäslebriefen enthaltenen (nichtsbedeutenden und scherzhaften) Abwandlungen einzelner Worte, wie z. B. im Brief vom 5. 11. 1777:

» . . . wenn man vatter und Mutter vergessen thut seyn müssen lassen haben.«

Das (an sich überflüssige) Verbum »thut« löst eine Reihe von Verben gleicher Kategorie (Hilfs-Verben) aus. Im Brief vom 28. 2. 1778 schiebt Mozart in die Schlußformel »ich bin der nämlich wahre vetter« Konjugationsformen des Verbums »sein« ein, ausgehend von dessen Präsensform:

»ich bin, ich war, ich wär, ich bin gewesen, ich war gewesen, ich wär gewesen, o wenn ich wäre, o daß ich wäre, wollte gott ich wäre, ich wurde seyn, ich werde seyn, wenn ich seyn würde, o das ich seyn würde, ich wurde gewesen, ich werde gewesen seyn, o wenn ich gewesen wäre, o daß ich gewesen wäre, wolltegott ich wäre gewesen . . .«

Derartige grammatikalische Abwandlungs-Formeln – vielleicht eine Erinnerung an den häuslichen Unterricht – finden sich auch in den Eintragungen Wolfgangs in Nannerls Tagebuch. Am 13. 8. 1780 vermerkt er:

»um 7 uhr in Mirabellgarten wie man im Mirabellgarten spatzieren geht, spatzirn gegangen, wie man spatzieren geht, gegangen, wie man geht.«

Am 25. 8. 1780:

»um drey sind wir alle sechs spatzieren gegangen, gegengen, gegiren, gegoren, gegungen.«

(Phantasie-Partizipia, geordnet nach den Vokalen a, e, i, o, u)

Im Bäsle-Brief vom 10.5.1780 regt das Wort »besänftigen« (seinerseits Synonym der vorhergehenden Verba »stillen« und »mildern«) zu ethymologischen (übrigens richtigen) Erörterungen über das Wort an:

»besänftigen will so viel sagen, als Jemand in einer sänfte sanft tragen«.

Diese »gelehrten« Ausführungen veranlassen dann zu dem Scherz der (vom Wortklang durch Vokaländerung abgeleiteten) Zusammenstellung von »sanft« und »senf«:

»ich bin von natur aus sehr sanft, und einen senf esse ich auch gern».

Gleichheit oder Ähnlichkeit des Wortklangs geben in den Bäsle-Briefen (und nicht nur in diesen) Veranlassung zu zahlreichen Reimereien.

Der Brief vom 5.11.1777 enthält auch in dieser Hinsicht mehrere Beispiele. Dabei sind zwei Gruppen festzustellen: Reimworte, die an sich Sinn haben, und erfundene, unsinnige Reimworte; beide Arten sind »nur des Reimes wegen« verwendet.

»ich gehe izt nach schlaraffen,
und thue ein wenig schlaffen.«

(Fast wörtlich übereinstimmend in dem Scherzgedicht vom 20.12.1777 an Rosalie Joly und Nannerl Mozart:

» . . . ich mus gschwind nach schlaraffen,
. . . dann dort thut man schon schlaffen.«)
»Nun muß ich schliessen,
und das thut mich verdriessen.«
» . . . an alle meine gute freünd
heünt
Meinen gruß
fus;
addio fex
hex.
333 bis ins grab,
wen ichs leben hab.«

(»333« – drei drei drei – treu treu treu)
Der Anfang dieses Briefes fügt Reim an Reim beider oben
erwähnten Kategorien:

»erhalten	falten
ersehen	drehen
vetter	retter
baaß	has
sie	wie
sind	hind
gesund	hund
brief	schief
Papa	haha
bekommen	strommen
brief	trief
haben	schaben
Praelat	Salat
ist	fist
Gottes	spottes
seyn	schwein
mir	stier
bald	kalt«

Auch im Brief vom 3. 12. 1777 finden sich derartige Reimereien, erweitert zu Scherz-Gedichten:

» . . . noch in Mannheim bin,
völlig drinn.
 . . . noch nicht abgereiset bin
nirgends hin!«

 . . .

»schreiben Sie mir bald,
denn es ist gar kalt;
halten Sie Ihr Versprechen,
sonst muß ich mich brechen.
addieu,
mon Dieu,

ich küsse Sie tausendmal
und bin knall und fall
Ma très chère Cousine
waren Sie nie zu Berlin?
Der aufrichtige wahre Vetter
bei schönen und wilden Wetter
W. A. Mozart ...«

Scherzhafter Gebrauch kirchlicher Formeln

Der gleiche Brief enthält eine weitere Kategorie von Versen, nämlich solche, in denen kirchliche Formeln einbezogen werden:

»Mannheim
ohne Schleim
den 3 ten Decembr.
heut ist nicht Quatembr:
1777 zur nächtlichen Zeit
von nun an bis in Ewigkeit
Amen.«

(Der Ortsname Mannheim regt Mozart auch im Brief vom 14. 11. 1777 zur Reimbildung an: Der Ortsangabe »Mohmheim« – von Maria Annas Hand – fügt Wolfgang mit eigener Hand den Reim »Dommschleim« an. – »Quatembr:« ist nicht, wie Arnold Kühn meint, eine »komische Neubildung« Mozarts, sondern bedeutet die drei Fasttage Mittwoch, Freitag, Samstag zu Beginn der vier Jahreszeiten, in der 3. Advent-, der 1. Fasten-, der Pfingstwoche und der Woche nach Kreuzerhöhung.)
Die in der Liturgie häufig vorkommende und den Mozarts daher geläufige Formel »von nun an bis in Ewigkeit« (»ex hoc nunc et usque in saeculum«) findet sich nicht nur bei Leopold Mozart (an Frau Hagenauer, 14. 10. 1767), sondern auch in Briefen Wolfgangs an den Vater, die Schwester und an den Freund Heinrich Wilhelm von Hefner:

»Ich habe die ehre zu seyn und zu verbleiben von nun an bis in Ewikeit . . .« (12. 1. 1771)

»Ich bin zu aller zeit

Von nun an bist (!) in Ewigkeit . . .« (15. 9. 1773)

» . . .und bin von nun an bis in Ewikeit amen

Wolfgang gehorsamster dero

Amadé Mozart sohn« (3. 10. 1777)

Auch andere kirchliche Formeln verwendet Mozart (außerhalb von Reimereien), so im Bäsle-Brief vom 23. 12. 1778:

» . . .mit vollkomenster Reüe und leid, und steifen Vorsatz schreibe ich ihnen . . .« (aus der Beichtformel)

ferner im Bäsle-Brief vom 10. 5. 1780; hier konkretisiert er des Bäsles »reizende Schönheit « durch die Beifügung »visibilia und invisibilia«.

(offensichtlich dem Credo der Messe nachgebildet: »Credo in unum Deum. Patrem omnipotentem, factorem caeli et terrae, visibilium omnium et invisibilium.«)

Am 23. 12. 1778, als Mozart das Bäsle von Kaisheim aus einlädt, nach München zu kommen, stellt er in Aussicht:

> » . . . will sie überall herum führen,
> auch wenns nothwendig ist kristiren
>
> . . .
>
> ich werde . . . ihnen Complimentiren,
> ihnen den arsch Petschieren,
> . . . ihnen Embrassiren,
> sie hinten und vorn kristiren,
> . . .«

(»kristiren«: so auch im Autograph, statt »klystieren«. – »den arsch Petschieren« will Mozart auch seinem Freund Peyerl, in dem er ihm im Kanon KV 559a ankündigt: »den Arsch . . . petschier ich dir«.)

Dieses Spiel mit Worten mit der Endsilbe »i(e)ren« – ausgelöst durch das Wort »führen« – wiederholt Mozart vier Jahre später im Brief vom 28. 9. 1782 an Martha Elisabeth von Waldstätten:

> » . . . mit einem Dinèe Tractiren
> . . . noch anders Tourniren
> . . . nach meinem Wunsch accomodiren
> . . .
> . . . werden mich Euer gnaden dermalen pardoniren,
> und wenn nur Euer Gnaden permettiren,
> . . . hochdieselben zu complimentiren
> und zu veneriren,
> und die frl: v: Auerhammer zu klystiren,
> wenn sie ihr zimmer nicht besser wird fermiren.«

Der etwas leichtferige Ton in den Briefen Mozarts an die Baronin Waldstätten, der auffallend an gewisse Passagen in den Bäsle-Briefen erinnert, erklärt sich wohl daraus, daß die Adressatin »eine liebhaberin vom Et caetera ist«, wie Mozart am 29. 4. 1782 an Constanze Weber schreibt. Nicht nur, daß einzelne Einsprengsel, z. B. »Nun aber spass a part« nach »Spassettln« der erwähnten Art wie in den Bäsle-Briefen vorkommen, auch die Anrede im Brief vom 2. 10. 1782 stellt eine Parallele zu der in Mozarts Brief vom 10. 5. 1780 an das Bäsle dar:

»liebstes, bestes,	Allerliebste,
schönstes,	Allerbeste,
liebenswürdigstes,	Allerschönste,
reizendstes,	Vergoldete,
. . .	Versilberte
bässchen	und Verzuckerte
oder	Wertheste
Violoncellchen!«	und schätzbarste
	Gnädige Frau
	Baronin!«

(Mozart deutet die Verwandtschaftsbezeichnung »bäs-[s]chen« um in »Bäßchen«, die Bezeichnung [»kleiner Baß«;

vgl. »Baßl« im Brief vom 24. 11. 1780] für das Violoncello.)
Merkwürdigerweise ließ Mozart trotz der eigenen Reimerei-
en mit Worten mit der Endsilbe »i(e)ren« bei der Textgestal-
tung der ›Entführung‹ Bretzners Original-Entführungsszene
mit den Endsilben

> » . . . rühren
> . . . triumphiren
> . . . kapituliren
> . . . stranguliren
> . . . Expostuliren
> . . . figuriren«

ausmerzen. Sollte Mozart wie Joseph Haydn (nach
G. A. Griesinger) der Meinung gewesen sein : »Aller Reim
sey in der Musik verderblich u. er müsse immer verschwin-
den« ?
Die Freude an der Variierung von Worten tritt auch in den
Bäsle-Briefen in Erscheinung, ist aber ebenfalls kein Charak-
teristikum ausschließlich dieser Briefgruppe.
Mozart schreibt z. B. am 5. 11. 1777 in Beantwortung eines
Briefes an das Bäsle :

> »sie schreiben noch ferners, . . .
> sie lassen sich heraus,
> sie geben sich blos,
> sie lassen sich verlauten,
> sie machen mir zu wissen,
> sie erklären sich,
> sie deüten mir an,
> sie benachrichtigen mir,
> sie machen mir kund,
> sie geben deütlich am tage,
> sie verlangen,
> sie begehren,
> sie wünschen,
> sie wollen,

34

sie mögen,
sie befehlen . . .«.

Er häuft zunächst Synonyma für »schreiben«, um dann zu
dem Inhalt des »schreibens« überzugehen, dem wieder in
mehreren Synonymen ausgedrückten Wunsch des Bäsle,
»daß ich ihnen auch mein Portrait schicken soll«; Angel-
punkt dieser zwei Synonymen-Gruppen ist das »sie geben
deütlich am tage«.

Ein Beispiel hierfür enthält auch der Bäsle-Brief vom
28. 2. 1778, ausgehend von dem Stichwort »wie sie sich
befinden«:

»Nun aber habe ich die Ehre, sie zu fragen,
wie sie sich befinden und sich tragen? –
ob sie noch offens leibs sind?«

Mozart fügt in der Folge an andere ernsthafte Fragen
scherzhafte Reime an, beginnend bei dem letzten Synonym
zu der Frage nach dem Befinden (»sind« – »grind«).

Derartige Synonymen-Häufungen finden sich in mehreren
Briefen Wolfgangs an die Schwester, so im Brief vom
18. 8. 1771:

»du kanst hoffen,
glauben,
Meynen,
der meynung seyn,
in der stäten hofnung verharren,
gut befinden,
dir einbilden,
dir vorstellen,
in Zuversicht leben
daß wir gesund sind . . .«

Ferner im Brief vom 21. 11. 1772:

» . . . wird er mir gewiß,
zweifelsohne,

        ohne zweifel,
        sicher,
        richtiglich
        antworten.«

Auch bei durchaus ernsten Erlebnissen, z. B. sogar beim Tod
des während des Aufenthalts der beiden Mozarts in
Wien 1773 dort verstorbenen Salzburger Landschaftsphysi-
kus Dr. Franz Joseph Niderl von Aichegg, der den etwa
gleichaltrigen Leopold Mozart sichtlich erschüttert, kann
Wolfgang in der Nachschrift zu Leopolds Brief vom
15. 9. 1773 sich nicht versagen, an seine Äußerung »Der tod
des D: niderl hat uns sehr betrübet« anschließend, der
Schwester zu versichern:
»wir haben schier geweint, gebleert, gerehrt, und trenzt«.
(»gebleert«, »gerehrt«, »trenzt« sind mundartliche salzbur-
gisch-bayerische Synonyma von »geweint«.)

»ietzt ist der Platz zu klein«

Drei Bäsle-Briefe enthalten den Scherz mit dem angeblich
nicht mehr vorhandenen Raum (»Platz«), der erforderlich
wäre, um noch weiteres zu schreiben.
Am 31. 10. 1777 schreibt Mozart: »ietzt ist der Platz zu klein
noch mehr gescheides herzubringen . . .«
Da das Autograph verschollen ist, läßt sich nicht nachprü-
fen, ob auch hier (wie im Brief vom 24. 4. 1780) der
angebliche Platzmangel durch die äußere Gestaltung des
Briefes ad absurdum geführt wird. Die behauptete Unmög-
lichkeit, »noch mehr gescheides herzubringen«, nimmt
Bezug auf den ersten Satz des Briefes, in dem Mozart die
Aufforderung des Bäsle zitiert, »etwas gescheutes« zu
schreiben. Über diese Aufforderung macht sich Wolfgang
nicht nur in diesem Brief durch mehrmalige Wiederholung
des Wortes »gescheid« (d. h. ernsthaft) lustig, sondern auch
in den weiteren Bäsle-Briefen.

Am 28.2.1778 schließt er an die Mitteilung

» . . . ich muß bald endigen, . . . weil ich keinen Plaz mehr habe, wie sie sehen . . .«

die fast zwei Seiten im Autograph (36 Druckzeilen) umfassende »historie« des Schäfers mit den 11000 Schafen an, die, worauf Erich Valentin hingewiesen hat, sich schon in den ›Cento Novelle‹ (13. Jahrhundert) findet.

Schon die äußere Gestaltung des Briefes vom 24.4.1780 läßt ersehen, daß folgende Behauptung unsinnig ist:

> »der Raum wie sie sehen
> ist
> zu
> klein«

Dies schreibt Mozart in winzigen Buchstaben an den unteren Rand der fast leeren ersten Seite; am oberen Rand stehen lediglich die (Druck-)Zeilen 1–6, im unteren Drittel nur die Zeilen 7–9. Der Text ist also offensichtlich ein Widerspruch zum Sachverhalt, der angebliche »Platzmangel« ist überhaupt nicht vorhanden.

Der gleiche Scherz findet sich auch in dem Mannheimer Brief Mozarts vom 26.11.1777 an den Vater:

»Wenn ich noch einen Plaz findete, so schreibte ich 100000 Complimente von uns 2, sage von uns zwey, an alle gute freünd und freündinen; besondern an . . .«

Darauf folgt eine »Lytaney« von Namen aus dem Bekanntenkreis der Mozarts, geordnet nach dem Alphabet; anschließend schreibt Wolfgang nochmals:

»wenn ich Plaz hätte, so schreibete ich schon noch etwas, aufs wenigst doch Complimenten an meine gute freünd«.

Diese hatte er doch gerade ausgiebig übermittelt. Leopold Mozart zeigt sich übrigens ungehalten darüber und hätte »anstatt der nach dem Alphabet hingesetzten Complimenten« eher Auskunft über »die Ursachen und Umstände« der von Wolfgang geplanten »Reise nach Weilburg«, die er (mit

Fridolin und Aloisia Weber) zu unternehmen gedachte, gewünscht (4. 12. 1777).

(»findete«, »schreibte«, »schreibete« sind mundartliche Konjunktive statt »fände«, »schriebe«. – »sage von uns zwey« ist eine antiquierte Wiederholung einer Zahlenangabe in Ziffern, die früher im kaufmännischen Verkehr üblich war. In dem von Mozart am 2. 4. 1789 ausgestellten Wechsel für Franz Hofdemel ist »die Summa von 100 fl :« wiederholt mit »Sage Ein Hundert gulden«.)

Einschiebung von Floskeln (»wie es auch so ist«, »oder so was« u. ä.) – »curios« – Sprichwörtliche Redensarten

In zwei Bäsle-Briefen fallen eingeschobene Floskeln auf, die innerhalb des Satzgefüges ohne Sinn, quasi als Schnörkel, angebracht sind. Wahrscheinlich handelt es sich um Gewohnheiten der Umgangssprache, die Wolfgang bei Bekannten bemerkt hatte.

In dem Mannheimer Bäsle-Brief vom 13. 11. 1777 ist es die Floskel *wie es auch so ist*, die fünfmal in zwei aufeinanderfolgenden Sätzen erscheint:

»Ich hoffe auch sie werden . . ., *wie es auch so ist*, meine briefe richtig erhalten haben. nemlich einen von hohenaltheim, und 2 von Mannheim, und dieser; *wie es auch so ist*, ist der dritte von Mannheim, aber im allen der 4 :te, *wie es auch so ist*. Nun muß ich schliessen, *wie es auch so ist*, denn ich bin noch nicht angezogen, und wir essen iezt gleich . . ., *wie es auch so ist*.«

Möglicherweise persifliert Wolfgang mit dieser Floskel die Redeweise seines Vater, der die Formel »wie es auch gewiß so ist« im Brief vom 2. 2. 1778 einschiebt und sie vielleicht im Gespräch öfter gebrauchte.

Derartige Floskeln sind auch aus Eintragungen Wolfgangs in Nannerls Tagebuch bekannt, z. B. notiert er am 27. 5. 1780:
»den 27 :ten in der halb acht uhr Mess *oder so was*, dann

beym lodron *oder so was*, . . . nachmittag . . . trisett *oder so was* gespiellt«.

Auch Johann Nestroy fügt ähnliche Floskeln ein. In ›Das Mädl aus der Vorstadt‹ (1841) versieht der Witwer Knöpfel seine Sätze regelmäßig mit dem Sprach-Schnörkel *oder was* (z. B. »Dero Besuch ist mir unendliche Ehre *oder was*.«).

In seinem Brief vom 18. 12. 1772 an Nannerl gebraucht Wolfgang die Anrede *meine liebe Schwester* als scherzhafte Floskel in elf Zeilen siebenmal (ein 8. Mal in der Schlußzeile):

»Ich hoffe, du wirst dich gut befinden, *meine liebe Schwester*. Wenn du diesen Brief erhältst, *meine liebe Schwester*, so geht denselbigen Abend meine Oper in scena. denke an mich, *meine liebe Schwester*, und bilde dir ein *meine liebe Schwester*, kräftig ein. du siehst und hörst, *meine liebe Schwester*, sie auch. freilich ist es hart, weil es schon 11 Uhr ist. Sonst glaube ich, und zweifle gar nicht, daß es beim Tag lichter ist als zu Ostern. *Meine liebe Schwester* . . .«

Diese Nachschrift (zu Leopold Mozarts Brief) fällt schon wegen der äußeren Form auf – Mozart hat jede zweite Zeile auf den Kopf gestellt – und weist auch noch andere »Spezialitäten« Wolfgangs auf: Neben der mehrmals in den Text eingeschalteten Anrede *Meine liebe Schwester* erscheint auch dreimal die Anrede *mein Kind*. Dann düpiert Wolfgang die Schwester mit der selbst gegebenen Antwort auf eine Scherzfrage:

». . . morgen speisen wir bei H. v. Mayer, und warum glaubst du? Rathe, weil er uns eingeladen hat.«

Scherzhaft gemeint ist auch seine Aufforderung an Nannerl, nichts von der am nächsten Tag (in Mailand!) stattfindenden Probe zu seiner Oper ›Lucio Silla‹ zu erzählen:

»die morgige Probe ist auf dem Theatro der Impressario aber, der Sig. Castiglioni hat mich ersucht, ich sollte Nichts davon sagen, denn sonst laufen alle Leute hinein, und das wollen wir nicht. Also, ich bitte dich . . ., sagen Niemanden Etwas davon . . ., den sonst liefen zu viele Leute hinein.«

Unsinns-Feststellungen wie »daß es beim Tag lichter ist als zu Ostern« sind auch in anderen Briefen Wolfgangs anzutreffen. Schließlich schaltet Mozart wieder eine ins leere gehende »Historie« ein, wie sie auch in zwei Bäsle-Briefen (3. 12. 1777, 28. 2. 1778) vorkommen:

»A proposito, weißt du schon die Historie, die hier vorgegangen ist? Nun will ich sie dir erzählen wir giengen heute von Gr. firmian weg um nach Haus zu gehen, und als wir in unsere Gasse kamen, so machten wir unsre Hausthüre auf und was meinst du wol, daß sich zugetragen? wir gingen hinein.«

Den Spaß setzt Wolfgang fort in der Schlußformel:

»lebe wol, *mein Lungel.* Ich küsse dich, *meine leber,* und bleibe wie allzeit *mein Magen* dein unwürdiger bruder . . .«

Er ersetzt das in diesem Zusammenhang übliche *mein Herz* durch die Erwähnung anderer »Innereien«: »Lungel«, »Leber«, »Magen«.

In dem Bäsle-Brief vom 5. 11. 1777 verarbeitet Mozart in 15 Zeilen kombinatorisch mehrere »Motive«, die Floskeln *Curios!* und *warum nicht?* mit dem mehrdeutigen Verbum *thun.*

»ich bitte sie, *warum nicht?* – ich bitte sie, allerliebster fex, *warum nicht?* – – daß wenn sie ohnedem an die Mad: Tavernier nach München schreiben, ein Compliment von mir an die 2 Mad: ^{selles} freysinger schreiben, *warum nicht?* – – *Curios! warum nicht?* – – und die Jüngere, . . . bitte ich halt recht um verzeyhung, *warum nicht?* – warum sollte ich sie nicht um verzeyhung bitten? – – *Curios!* – ich wüste nicht *warum nicht?* – – ich bitte sie halt recht sehr um verzeyhung, daß ich ihr bishero die versprochene sonata noch nicht geschickt habe, aber ich werde sie, so bald es möglich ist übersenden. *warum nicht?* – – was – – *warum nicht?* – – warum soll ich sie nicht schicken? – warum soll ich sie nicht übersenden? – – *warum nicht?* – – *Curios!* ich wüste nicht *warum nicht?* – – Nu, also, diesen gefallen

werden sie mir *thun*; – – *warum nicht?* – – warum sollen sie
mirs nicht *thun?* – – *warum nicht, Curios!* ich *thue* ihnens ja
auch, wenn sie wollen, *warum nicht?* – – warum solle ich es
ihnen nicht thun? – – *Curios!* warum nicht? – – ich wüste
nicht *warum nicht?*«

Das Wort *curios* scheint Mozart gerne gebraucht zu haben,
z. B. auch am Beginn des Bäsle-Briefes vom 31. 10. 1777:
»Das ist *curiös!* ich soll etwas gescheutes schreiben.«
Schon früher erscheint es im Brief vom 14. 1. 1775:
» . . . weil den künftigen freytag die opera abermahl geben
wird, und ich sehr nothwendig bey der Production bin – –
sonst wurde Man sie nicht mehr kennen – – – dan es ist gar
curios hier.«
Ferner lt. Brief vom 16. 10. 1777:
»daß ist doch *curios* . . . ich kann noch eher alle orden|die
sie bekommen können| bekommen, als sie das werden, was
ich bin« (in Augsburg, zu dem ihn provozierenden Sohn des
Stadtpflegers).
Während hier *curios* in der geläufigen Bedeutung von
»merkwürdig«, »verwunderlich« gebraucht ist, verwendet
Mozart es als »neugierig« (wie im Italienischen: curioso) in
seinen an die Schwester gerichteten Zeilen vom 5. 6. 1770:
»*i bi corios* wias da glaich siecht« (bezogen auf ein Porträt
Nannerls) und am 6. 12. 1777:
»ich bin nur *Curios* auf den ausgang«,
nämlich der Bemühungen um Anstellung in München.
Eine weitere »Schicht« im Text der Bäsle-Briefe bilden
Redensarten, die, meist ohne Zusammenhang mit dem
Kontext, nicht selten gereimt, ohne tieferen Sinn, teilweise
auch noch heute im Salzburgischen und angrenzenden
bayerischen Gebiet geläufig sind, z. B.
»was? – – ja, kein fuchs ist kein haaß« (5. 11. 1777); noch
heute (meist in der Formulierung »ein Fuchs ist kein Has«)
gebraucht Kindern gegenüber, die nicht verstandenen Fragen,
Vorhaltungen o. ä. mit »was?« (statt »wie?«) nachfragen;

»Behüte dich Gott Fuß, auf dem Fenster liegt d'Hachsen«
(3.12.1777), ein Scherz mit den mundartlich gleichbedeu-
tenden Ausdrücken »Fuß« und »Hachsen« (»Haxen«);
»was wahr ist, bleibt wahr!« (28.2.1778);
»desto besser, besser desto« (5.11.1777, 28.2.1778);
»was ist das für eine Manier, 4 soldaten und 3 Bandelier?«
(13.11.1777). (»Bandelier«: veraltet für Schulterriemen,
Wehrgehänge)
Mitunter knüpfen derartige Redensarten an einen Satz des
Evangeliums an, z. B.
»wers glaubt, der wird seelig«, mit Mozarts unsinniger
Fortsetzung »und wer's nicht glaubt, der kommt in Himmel«. Wenn Mozart fortfährt: »aber schnurgerade und nicht
so, wie ich schreibe«, so erinnert man sich an den drastischen
Vergleich im Brief vom 26.1.1770: » ... aber nicht so
schreibt wie ich: wie die säü brunzen«, der das gleiche
ausdrücken soll.
Hierher gehört auch folgende in drei Bäsle-Briefen
(5.11.1777, 3.12.1777, 10.5.1780) mit fast identischer Formulierung aufscheinende Redensart:
»Ja, so geht es auf dieser welt, der eine hat den beutel, der
andere hat das geld«,
der Mozart jedesmal andere scherzhafte Fortsetzungen
anhängt. Die zitierte Wendung kommt schon in einem
Quodlibet von Valentin Rathgeber (1733) vor, wie Emil Karl
Blümml feststellt, und lebt auch heute noch fort.
Derartige nichtsbedeutende Redensarten kommen auch in
nicht an das Bäsle gerichteten Briefen vor, z. B.
»Wen man die Sau nennt so kommt sie gerent« (10.2.1770),
anknüpfend an die Nennung des »Wolfg:« einige Zeilen
vorher im Brief des Vaters; die mundartliche derbe Redensart drückt das gleiche wie die »feinere« aus: »Wenn man von
der Sonne spricht, so sendet sie ihre Strahlen.«
Solche sprichwörtliche Redensarten finden sich auch in
Briefen anderer Mozartscher Familienmitglieder, vor allem

Leopold Mozarts, z. B.

»Ich hoffe es wird alles gut werden, wenn der [recte: »die«]
Häftl daran kommen« (9.7.1765) (»es wird schon alles recht
werden, wann die hafftel daran Komen«, Maria Anna
Mozart, 26.9.1777)
(»Häftl«, »hafftel« sind die bei Anfertigung eines Kleidungs-
stücks üblicherweise zuletzt angebrachten Haken und Ösen,
die zu dessen Zusammenhalt dienen.)
»Eine geschickte Maus findet halt überall ein Loch«
(21.10.1785), mit der spezifisch österreichisch-bayerischen
Verstärkungs-Partikel »halt«, d.h. eben, nun einmal, die in
den Briefen der Mozarts des öfteren wiederkehrt.
»die gewohnheit ist eine eyserne Pfoad« (10.11.1766)
(»Pfoad«: Pfaid, Pfeid, d.h. Hemd; österreichisch als Femi-
ninum, bayerisch als Neutrum gebraucht).

»Historien«

Die bereits erwähnte bombastisch aufgemachte, pointenlose
»historie« vom Schäfer mit den 11000 Schafen im Brief vom
28.2.1778 ist nicht die einzige dieser Gattung, die Wolfgang
dem Bäsle erzählt. Solche »Historien« finden sich noch in
zwei anderen Briefen an das Bäsle.
Die am 5.11.1777 erzählte »trauerige geschichte« ist in
anderem Zusammenhang anzuführen. Hier ist noch auf die
im Brief vom 3.12.1777 enthaltene Erzählung hinzuweisen:
»Ich muß Ihnen geschwind etwas erzehlen: ich habe heute
nicht zu Hause gespeist, sondern bey einem gewissen Mons.
Wendling; nun müssen Sie wissen, daß der allzeit um halb
2 Uhr ißt, er ist verheyrathet und hat auch eine Tochter, die
aber immer kränklich ist. Seine Frau singt auf der zukünftigen Opera, und Er spielt die Flöte. Nun stellen Sie sich vor,
wie es halb 2 Uhr war, setzten wir uns alle, bis auf die
Tochter welche im Bette blieb, zu Tisch und aßen.«
Diese Geschichte ist genau so angelegt wie die, die Wolfgang

seiner Schwester fünf Jahre früher, am 18. 12. 1772, aus
Mailand berichtet hat (s. o.). Diesen »Historien« ist gemeinsam, daß durch die einleitenden Bemerkungen das Interesse
an dem Folgenden geweckt werden soll, das sich dann als
völlig belanglos erweist, sodaß sich der Adressat als düpiert
vorkommen muß.

*Dispute mit der Mutter – Phantasie-Passagen im »gehobe-
nen« Stil*

Dem Brief vom 13. 11. 1777 an das Bäsle sind folgende
Zeilen vorangestellt:
»iezt schreib ihr einmahl einen gescheiden brief, du kannst
dessentwegen doch spass darein schreiben, aber so, dass du
alle die briefe richtig erhalten hast; so darf sie sich nicht
mehr sorgen, und kümmern.«
Diese Zeilen stammen zwar von Mozarts Hand, geben aber
Worte seiner Mutter wieder, die sie offenbar an Wolfgang
gerichtet hat, als dieser Anstalten macht, wieder an das Bäsle
zu schreiben. Eine ähnliche Stelle steht in einem anderen
Bäsle-Brief:
»mach ein End dem brief, schliess ihn zu, und schick ihn fort
an ort und End« (10. 5. 1780).
Diesmal scheint ihn der Vater gemahnt zu haben, den Brief
zu beendigen.
(»an ort und End«: auch in den Briefen vom 24. 3. 1778:
»Nun sind wir . . . an ort und end« und vom 8. 11. 1780:
» . . . weil wir kaum den Augenblick, an ort und Ende zu
kommen, erwarten konnten.« Stehende Redensart. Bei
Schmeller als Beispiel: »Da find I kaen Ort und kaen End«.
»Ort« als Synonym für »Ende«, denn nach Schmeller
bedeutet »Ort« das Ende, die Endspitze.)
Mitunter sind derartige Passagen zu förmlichen Dialogen
erweitert, die offensichtlich während des Briefschreibens
geführt und in den Brieftext eingeflochten werden, z. B. in

den Bäslebrief vom 5. 11. 1777 und in den Brief Maria Annas und Wolfgangs vom 23.–25. 10. 1777 an Leopold:

Maria Anna (deren Hand): »mich wundert sehr das du die Duet von schuster noch – –«

Wolfgang (von da ab dessen Hand): »ach er hat sie ja bekommen, – – *Mama:* Ey beleibe, er hat ja immer geschrieben, daß er sie noch nicht hat – – *wolf:* das disputiren kann ich nicht leiden, er hat sie gewis, und hiemit ists aus. *Mama:* du irrest dich *wolf:* Nein ich irre mich nicht, ich wills der Mama geschriebner zeigen. *Mama:* ja, und wo? *wolf:* da, liest die mama nun liest sie just«.

Im Bäsle-Brief vom 10. 5. 1780 verbindet Mozart die Frage »Ist die Böhmische trup schon weck« mit der Aufforderung: »sagen sie mirs, meine Beste, ich bitte sie ums Himmelswillen! ach!«

Mit diesen Worten verspottet er sichtlich den ihm aus der Lektüre von Theaterstücken und Schauspiel-Aufführungen hinlänglich vertrauten »gestelzten« Stil, wie er das mitunter auch bei den Eintragungen in das Tagebuch der Schwester tut, z. B.:

»Nachmittag schön Wetter geworden. O Wetter! O worden! o schön! o Nachmittag. o regen. o vormittag.« (26. 9. 1780)

Beispiele finden sich auch in den Briefen an die Schwester: »Ich hoffe, meine königin, du wirst den höchsten grad der gesundheit geniessen und doch dan und wan oder vielmehr zuweilen oder besser bisweillen oder noch besser qualche volta wie der welsche spricht, von deinen wichtigen und dringenden gedancken |: welche alzeit aus dem schönsten und sichersten vernunft herkomen, den du nebst deiner schönheit besize[s]t, obwohlen in so zarten Jahren und bey einen frauenzimmer fast nichts von obgesagten verlangt wird, du, O königin, auf solche art besizest, das du die Manspersonnen Ja sogar die greise beschämest:| mir etliche darvon aufopfern.« (14. 8. 1773)

»Wen man die gunst der Zeit betracht, und doch die hochachtung der sonne dabey gänzlich nicht vergist, so ist gewiß, daß ich gott lob und danck gesund bin. der zweyte saz ist aber ganz verschieden, anstat sonne, wollen wir sezen Monde und anstat gunst, kunst, so wird ein Jeder der mit einen wenigen natürlichen vernunft begabet ist, schliessen, daß ich ein narr bin, weil du meine schwester bist.« (21. 8. 1773)

Die letzte Passage ist möglicherweise auch eine Persiflage des häuslichen Grammatik-Unterrichts.

Eine Parodie auf den behördlichen Stil ist wohl Mozarts Schlußformel im Bäsle-Brief vom 10. 5. 1780:

»Mit Nächster Ordinaire werde mehr schreiben und zwar was recht Vernünftiges, und Nothwendiges und bey diesem hat es sein verbleiben, bis auf weiter ordre.«

Auf das Bäsle erzürnt stellt sich Mozart in der Schimpfkanonade des Briefs vom 13. 11. 1777:

»Poz Himmel Tausend sakristey, . . .«

Die bombastische Häufung aller möglichen Ausrufe, Begriffe, Personengruppen läßt ohne weiteres erkennen, daß alles nur Theaterdonner ist. (»sakristey« statt des verpönten »Sakrament«)

In einem gezwungen-scherzhaften Stil, der an den der Bäsle-Briefe erinnert und der offensichtlich den Zweck verfolgt, Vater und Schwester nach den Erschütterungen der Nachricht vom Tode der Mutter aufzuheitern, ist der Anfang von Wolfgangs Brief vom 18. 7. 1778 gehalten.

Die »anstößigen« Worte und Wendungen (»Sauereyen«)

Die bisher erörterten Mozartschen Scherze sind es nicht, die bis ins 20. Jahrhundert hinein die Bäsle-Briefe für den vollständigen Abdruck als nicht geeignet erscheinen ließen. Vielmehr sind es die darin vorkommenden »Schweinigeleien« (Arthur Schurig), die Anstoß erregten. Gemeint sind diejenigen Wendungen, in denen Mozart ungeniert »vom Dreck, scheissen, und arschlecken« schreibt und die er selbst als »Sauereyen« bezeichnet. Gerade auf diese muß in einer Analyse der Bäsle-Briefe eingegangen werden. Dabei ist zu bedenken, daß sich derartige Worte und Wendungen verbal, in der Umgangssprache, bei weitem nicht so kräftig ausnehmen als geschrieben und gelesen in einem Brief.

Leopold Mozarts gesundheitliche Maximen

Die häufige und unbekümmerte Verwendung von Worten, die Verdauung und Stuhlgang betreffen, mag damit zusammenhängen, daß die damalige Zeit diesen Körperfunktionen, insbesondere dem regelmäßigen Stuhlgang, eine erhebliche Bedeutung für die Gesundheit beimaß und darüber als etwas ganz Selbstverständlichem auch sprach. Leopold Mozart hat diese Bedeutung, so wie er es sicher auch im Gespräch getan hat, auch in den Briefen immer wieder hervorgehoben; er schreibt z. B.

»Wenn wir nur gesund sind und offens Leibs, das übrige hat nichts zu sagen.« (10. 11. 1770)

»nichts gesünders . . . als wenn man offnes Leibs ist.« (14. 9. 1785)

Es ist darum nichts Besonderes, wenn sich Wolfgang beim Bäsle im Brief vom 28. 2. 1778 erkundigt:

»Nun aber habe ich die Ehre, sie zu fragen, wie sie sich befinden . . . ob sie noch offens leibs sind?«

Unpäßlichkeiten u. ä., versucht der heilkundige Leopold in erster Linie durch Anregung des regelmäßigen Stuhlgangs mit Hilfe von »Pillulen« zu kurieren, die er sich auf Reisen nachschicken läßt (wie z. B. die »berühmten Spilman Hansl Pillulen«; Brief vom 7. 9. 1771 an Maria Anna):

»Desswegen habe wegen der Pillulen geschrieben. Ich will das der Arsch den Kopf Curieren soll.« (21. 9. 1771)

Bei Behandlung von offenen Wunden (z. B. bei einem »offnen Fuß«, wie er ihn selbst 1770 in Bologna zu kurieren

hat) empfiehlt Leopold Umschläge mit Harn, wie dies bis ins
20. Jahrhundert bei der ländlichen Bevölkerung gebräuchlich war:

»Jedermann lasse es sich zur warnung seyn, kein Pf[l]aster
aufzulegen, sondern nichts als Papier und beständig Urin zu
brauchen, um zu verhindern, daß es nicht Materie fasst.«
(11. 8. 1770)

(»Materie«, »Materi«, d. h. Eiter; schon das lateinische
materia hatte auch diese Bedeutung. In der Wortkombination »Bluat, Rotz und Materi« noch heute im Bayerischen
gebräuchlich.)

Leopold Mozart geht dabei von dem Gedanken aus, den er
auch seinen Kindern einpflanzt, daß die Sorge für die
Gesundheit ein Gebot Gottes sei.

»Die Gesundheit ist das erste, für die der Mensch zu sorgen
hat; so wohl aus Befelch Gottes, – als nach dem Gesetz der
Natur, sonst ist er nicht nur kein Christ, sondern eine
Bestie.« (23. 12. 1785)

»der Mensch muß seine Gesundheit vor Gott verantworten,
sonderheitlich wenn ich eine Mutter bin!« (28. 7. 1786)

*Ein wichtiger Körperteil (der »Arsch«), seine Funktionen und
»Äußerungen« (insbesondere der »Furz«)*

Der Körperteil, der die nach Ansicht Leopold Mozarts für
die Gesundheit so wesentlichen Funktionen besorgt, wird in
der Umgangssprache, auch der Bäsle-Briefe, mehrmals
erwähnt, ebenso wie die Funktionen selbst.

Anstelle der Formulierung »Recht von ganzen herzen freyet
es mich, daß du dich so lustig gemacht hast« in den Briefen
aus Mailand und Bologna vom 3. 3. und 6. 10. 1770 an die
Schwester gebraucht Wolfgang z. B. die Wendung:

»mich freüet es recht von arsch weg daß du so erschröglich
- - lustig bist gewesen«. (17. 2. 1770)

Er küßt ihr brieflich

»das gesicht, nasen, mund, hals . . . und arsch wen er sauber ist« (2.5.1770)

und schickt ihr

»Taussend Complimenten . . . von Don Cacarella absonderlich von hintenher« (3.3.1770),

ebenso wie er dem Bäsle am 3.12.1777 aufträgt:

»An alle gute Freund und Freundinnen von uns beyden einen ganzen Arsch voll Empfehlungen.«

Ende November 1784 schickt Leopold Mozart an Tochter und Schwiegersohn nach St. Gilgen die Liste der wie üblich zum Jahresende bzw. -Anfang vom Erzbischof ausgesprochenen Beförderungen des Hofpersonals mit folgender Bemerkung:

»hier liegen die erstaunlich auf einmahl del petto nel culo, e del Culo herausgelaxierte StaatsPromotionen bey.«

(»del petto nel culo, e del Culo«: von der Brust bis in den Arsch und aus diesem heraus)

Als Maria Anna Mozart ihrem Mann nach Mailand berichtet, »daß schon viele Personen Närrisch geworden«, und kurz darauf, »daß viele an der rothen ruhr sterben«, entgegnet Leopold:

»das ist sehr böse. denn wenn es die Leute beym Kopf und beim Arsch angreift, sieht es in der That gefährlich aus.«

Über die Bemühungen der mit den Mozarts befreundeten Gilowsky Katherl, bei der Familie des Grafen Leopold Andreas Plaz als Gouvernante der Kinder angestellt zu werden, berichtet Leopold der Tochter mit den Worten:

»die Katerl steckt den Plazischen als guvernante immer im Ar–.«

Den Abbé Joseph Bullinger fordert Wolfgang im Brief vom 7.8.1778 auf:

»machen sie ihr möglichstes, daß die Musick bald einen arsch bekommt – denn das ist das nothwendigste; einen kopf hat sie izt.« (bei Erörterung der Salzburger Musikverhältnisse)

Von den Unbequemlichkeiten der Reise mit dem Postwagen von Salzburg nach München im November 1780 berichtet Mozart dem Vater am 8. 11. 1780:

»von Wasserburg aus glaubte ich in der that meinen Hintern nicht ganz nach München bringen zu können! – er war ganz schwielig – und vermuthlich feüer Roth – zwey ganze Posten fuhr ich die Hände auf dem Polster gestützt, und den Hintern in lüften haltend.«

Darauf erwidert Leopold (11. 11. 1780):

»daß der Postwagen den armen Arsch erschröcklich zerstösst hab auch in meinem Leben nur ein einziges mahl erfahren, mich erwischt er auch nicht mehr ... mit dem Postwagen komme ich gewiß nicht, meine zween zwetschkenkern sind mir lieber.« (Mit »zwetschkenkern« sind die beiden Hoden gemeint.)

Aber Wolfgang muß auf der Reise von München nach Wien wiederum die gleichen Erfahrungen machen, die er dem Vater am 17. 3. 1781 schildert:

»bis Unter–Haag bin ich mit dem PostWagen gefahren – da hat mich aber mein Arsch und dasJenige woran er henkt, so gebrennt, daß ich es ohnmöglich hätte aushalten können.«

Mit dem Brief vom 22. 12. 1786 sendet Leopold seiner Tochter ein »Schachterl mit Saffran«,

»das ich euch zum Neuen Jahr schenke um den Hintern damit gelb zu färben«.

Der vermuteten Verstimmung des Bäsle wegen der dreimonatigen Briefpause (zwischen 3. 12. 1777 und 28. 2. 1778) begegnet Wolfgang durch Scherzverse, die er mit dem Wunsch abschließt:

»unsre arsch sollen die friedens-zeichen seyn!«

Am 10. 5. 1780 versichert er dem Bäsle, nachdem er sich als »dero gehorsamster unterthänigster diener« präsentiert hatte, »mein arsch ist kein Wiener«.

Im Brief vom 23. 10. 1777 berichtet Mozart, er habe am 19. Oktober im Kloster Heilig Kreuz in Augsburg »auf die

Nacht beim soupée« u. a. eine Fuge improvisiert, in der das Thema auch »arschling« (von hinten, krebsgängig) vorkam.

In dem oben erwähnten Bäsle-Brief vom 10. 5. 1780 reimt Wolfgang auf die (irreführende) Jahreszahl »1709ni« die Redensart

»blass mir hint'aini«,

die er dann variiert als »blass mir ins loch« (als Reim auf »noch«) und die er ergänzt durch den Wunsch

»gut ists

wohl bekomms.«

In einer Eintragung in Nannerls Tagebuch wiederholt Wolfgang das scherzhafte Spiel mit der Ziffer 9:

»den 82:ten (22. 8. 1780) um halbe Neuni, blaß mir hint' eini[,] in der kirche. um ¼ über Neuni[,] blaß mir hint' eini, zum Mayrischen . . .«

Ein Salzburger »Kindsmensch« Ursula wird »urscherl mit den kalten arsch« (17. 2. 1770), eine Köchin in Nannerls St. Gilgener Haushalt »Ursula mit dem kalten Loch« genannt (31. 8. 1784); eine »Ursel mit dem kalten Loch« figuriert auch unter den Dramatis personae von Goethes 1775 entstandener Farce ›Hanswursts Hochzeit oder Der Lauf der Welt‹. Seiner Frau teilt Mozart am 3. 10. 1790 aus München mit, mehrere ehemalige Mannheimer Bekannte seien hier,

»auch der alte Wendling mit seiner Dorothé – reck den Arsch in die Höh.«

Mozart erwähnt in seinem Bericht vom 26. 1. 1770 über einen Theaterbesuch in Mantua auch einen

»Crudescer . . . der gut springt, aber . . . bey einem ieden sprung einen streichen hat lassen.« (Crudescer: Grotesktänzer)

Im Bäsle-Brief vom 5. 11. 1777 zitiert Wolfgang in der ausführlich erzählten »trauerigen geschichte . . . die sich jezt den augenblick erreignet hat« auch Mutter Mozarts Feststellung:

»was wette ich, du hast einen gehen lassen?«

und Leopold merkt in der Liste der »Pariser Bekanntschaften« von der ersten Paris-Reise bei »Md^{me} de Caze sa Sœur« an (im Brief an den Sohn vom 5. 2. 1778):

»bey diesen 2 Damen wars wo deine schwester beym Soupé einen kleinen farz hören ließ.«

In der von Wolfgangs Hand stammenden Eintragung vom 20. 4. 1779 in Nannerls Tagebuch ergänzt er die Witterungs-Beschreibung

» . . . die wolcken verloren sich, der mond liess sich sehen« durch den Zusatz

»und ein furz liess sich hören«.

Leopold Mozart glossiert in seiner brieflichen Nachricht vom 13. 11. 1777 die Mitteilung, der Erzbischof habe bei Mysliveček weitere Concertoni bestellt und diese würden wohl »in die 25 Duggaten [die der Erzbischof für frühere Kompositionen bezahlt hatte] darein oder oben darauf gehen«, mit der Redensart:

»wie der farz oder furz beym schusterbueben«.

Bei seinem Enkel Leopoldl, der bei dem alten Mozart aufwächst, hat dieser des öfteren Gelegenheit »Betätigungen« dieser Art zu beobachten. So berichtet er der Nannerl, als er ihn trocken legte, habe er »die Ehre« gehabt, »ein halbes Dutzend Crepidos Ventris in ohnonterbrochner Folge zu hören«,

was der lateinkundige Leopold mit dem Wunsche »Proficiat! Prosit, conducat, sitque Saluti« quittiert.

Den provinziellen Charakter St. Gilgens kennzeichnet Leopold mit dem Vergleich:

»wenn man in St: Gilgen einen Crepitum Ventris fahren lässt; so riecht ihn das ganze Dorf sammt allen deputierten.«

*Der Erzbischof, die Prinzessin und der »Bimperl« – Ein
notwendiger und wichtiger Gang (»aufs Häusl«) – Der
Kurfürst »bescheißt« seine Gemahlin*

Mozart ergänzt Nannerls Tagebuch-Eintragung vom
23. 5. 1775 »den 23ten ist es zwar schön wetter gewest aber
doch die prozecion nicht ausgegangen« durch den Zusatz:
»weil S:H: Gnaden das [scheissen = durchgestrichen]
abweichen geforchten haben«
und am 25. 5. 1780, dem Tag der Fronleichnamsprozession
trägt er selbst ein:
»den 25:ten um halb acht uhr zum Hagenauer die Pferde
scheissen zu sehen. ... um 10 uhr Morgens das salva venia
scheissen bey hof gesehen.«
In der Nachschrift zu Leopold Mozarts Brief vom 5. 1. 1775
schreibt Nannerl an die Mutter:
»ich küsse der mama die Hand und bin samt meinen brudern
den sch----fel [d. h. Scheißteufel] gehorsamste dochter Marie
Anne Mozart.«
Aus Mailand berichtet Mozart am 24. 8. 1771 von der später
an den Erzherzog Ferdinand verheirateten Maria Beatrice
Ricciarda d'Este:
»die prinzessin hatte neülich das geschäftige chatherl oder
das - - schmeißen« [d. h. Durchfall]
und am 13. 12. 1780 aus München vom dem Sohn des
Geigers Georg Eck:
»sein H: Sohn hat heüte Nacht das bett voll gespien,
gebrunst, und geschissen – Non plus ultra.«
Gleiches teilt Leopold Mozart seiner Tochter Nannerl am
19. 11. 1785 von seinem bei ihm aufwachsenden Enkel
Leopoldl mit:
»der Leopold ist, Gott Lob, im besten wohlseyn, nichts als
braf pruntzen, scheissen und speiben«
und am 5. 1. 1786:
»er ist lustig und wohl auf, isst, scheist, und pruntzt fürs
Vatterland«.

In zahlreichen weiteren Briefen an Nannerl wiederholt der Großvater Mitteilungen über derartige beim Enkel beobachtete Tätigkeiten. Auch Wolfgang schreibt dem Vater einige Tage nach der Geburt seines ersten (früh verstorbenen) Kindes:

»das kind. . . hat entsezlich vielle geschäften, welche bestehen im trinken, schlaffen, schreyen, B . . .sch . . . und schpeiben« (21. 6. 1783)

und Nannerl vergißt nicht, am 29. 9. 1777 dem Bruder und der Mutter nach München mitzuteilen, die »miss pimpes« (die Foxterrierhündin der Mozarts) sei

»gesund, mag essen, trinken, schlaffen, sch––en – und br––zen.«

Die Kombination »scheissen« und »prunzen« gebraucht Mozart auch in der ernsthaften Kritik der gekünstelten Art der Gretl Marchand, zu singen, die er während des Besuchs in Salzburg im Sommer 1783 zu beobachten Gelegenheit hatte:

»sie solle im singen keinen fuchsschwanz gleichen; denn die leckereyen und küssereyen sind nicht allzeit angenehm. – Nur dumme Eseln kann man mit so was betrügen. – ich wenigstens will lieber einen bauernkerl gedulden, der sich nicht scheuet vor meinen angesicht zu scheissen und zu Prunzen, als daß ich mich durch so falsche kalfactereyen übertölpeln lassen könnte, die doch so übertrieben sind, daß man sie mit Händen greifen kann.«

Eine Zeitungsnotiz über den bei den Mozarts unbeliebten Abbé Georg Joseph Vogler erinnert Leopold an einen früheren Vorfall:

»wie er in Cassl bei dem Marquis NB dem Intendant der Musique nach der Tafel sich verloren, und man ihn hinnach besoffner in der Marquisin Bette ganz ausgezogner gefunden, wo er sich hinein schlafen gelegt, und es voll an geschissen und gespieen.« (18. 11. 1785)

Im Zusammenhang steht damit das »aufs Häusl gehen«, das

Mozart in dem Bäsle-Brief vom 3. 12. 1777 erwähnt:
»Bevor ich Ihnen schreibe, muß ich aufs Häusel gehen . . .«,
woran er Betrachtungen über die gesundheitliche Wichtig-
keit des Ganges knüpft. Aus Wasserburg hatte er dem Vater
die Episode berichtet, wie er »beym stern [dem haus-
knecht] . . . mit aller Ernsthaftigkeit, wie ich im Portrait bin:«,
geantwortet habe, wobei er nicht vergißt, zu erwähnen:
»Meine Mama war just auf dem h-l.« (23. 9. 1777)
In der übermütig gereimten Schlußwendung des Briefes vom
25. 10. 1777 kündigt er die gleiche Absicht an:

> »meine schwester umarme ich,
> und allen guten freünden und freündinen
> empfehle ich mich,
> und auf das heisel nun begieb ich mich,
> und einen dreck vielleicht scheisse ich.«

Der Kausalzusammenhang der Funktionen »essen« und
»scheißen« liegt auch Wolfgangs Formulierung zugrunde:
»wir essen iezt gleich, damit wir hernach wieder scheissen«
(Bäsle-Brief vom 13. 11. 1777). Ebenso

> »Ich bin bei Leuten auch
> die tragen den Dreck im Bauch,
> doch lassen sie ihn auch hinaus
> So wohl vor, als nach dem Schmaus.«

(31. 1. 1778, an die Mutter)
Auch in einem der letzten Briefe Mozarts an Constanze
(6. 6. 1791) verknüpft Mozart den Ausdruck seiner Freude
über ihren Appetit mit der Formel:
»wer aber viel frisst, muß auch viel sch . . .«
und fügt dann scherzhaft korrigierend hinzu: »Nein, viel
gehen wollt' ich sagen.« Möglicherweise ist dies nicht der
einzige Brief, in dem Mozart auch in der Korrespondenz mit
Constanze derartige Wendungen gebrauchte; andere dürfte
Constanze vernichtet haben.

In dem Brief vom 23. 12. 1778 mit der Aufforderung an das Bäsle, nach München zu kommen, wiederholt er diesen Wunsch in dem Vers:

> »also kommen sie gewis,
> sonst ist ein schys«.

(Das Wort »schys« müßte hier eigentlich »Beschiß« lauten, mundartlich »B'schiß«, von »bescheißen«, und dieses auch heute noch gebräuchliche Dialekt-Wort bedeutet »betrügen«, »hintergehen«. In diesem Sinn bezeichnet Mozart am 4. 11. 1777 die außereheliche Tochter des Kurfürsten Karl Theodor in Mannheim, der er Klavierunterricht erteilt, als »ein beschissens kind zur Churfürstin«; der Kurfürst hat seine Gemahlin »beschissen«, d. h. betrogen.)

Am 12. 7. 1783 drückt Mozart seine Verachtung für Salzburg und den Erzbischof in dem Satz aus:

»Ich hoffe nicht daß es nöthig ist zu sagen, daß mir an salzburg sehr wenig und am erzb[ischof] gar nichts gelegen ist, und ich auf beydes scheisse.«

Im Münchner Brief vom 16. 12. 1780 gebraucht er die Worte:

»wenn es auf mich ankämme – so würde ich bevor ich dießmal abgereiset bin, an den lezten Decret den Hintern geputzt haben«.

Am 24. 11. 1780 erzählt Mozart ausführlich die »geschichte vom Mara« und vermeldet, dem Grafen Seeau sei dabei »scheiß bange« gewesen. Verärgert darüber, daß er wegen der vom Erzbischof angeordneten Akademie vom 8. 4. 1781 in Wien ein am gleichen Tag stattfindendes Konzert bei der Gräfin Thun versäumen muß, bei dem der Kaiser anwesend war, bezeichnet Wolfgang im Brief vom 11. 4. 1781 an den Vater die erzbischöfliche Akademie als »scheis-Musick«.

Wenn Mozart die Teilnehmer am heimischen Bölzlschießen mit »sämmtliche scheis-Compagnie« tituliert, so ist das nicht ein Versehen (statt »schies-Compagnie«) sondern absichtlicher Scherz.

Im Brief vom 17. 1. 1778 wertet Mozart das ausführlich beschriebene Prima-vista-Spiel des Abbé Georg Joseph Vogler mit der Bemerkung ab:

»so ein Prima vista spiellen, und scheissen ist bey mir einerley.«

Der Datierung (»Minchen den 8 je.moj. 1779«) in der Nachschrift des Bäsle zu Wolfgangs Brief vom 8. 1. 1779 an den Vater fügt Wolfgang an:

»wo der lezt noch nicht geschissen hat«.

– (wohl bezüglich auf die aus »8« korrigierte »9« der Jahreszahl)

»Leck mich im Arsch« samt Variationen – Mozarts Kanons – Das Götz-Zitat im ›Figaro‹? – Die Scheiben zum Bölzlschie-ßen

Ein weiterer Ausdruck dieser Art ist das auch von Mozart häufig gebrauchte Wort »arschlecken« mit seinen diversen Abwandlungen.

Es kommt vor im Lied vom »Kupferschmied«, das er zweimal zitiert: im Bäsle-Brief vom 3. 12. 1777 und in der Tagebuch-Eintragung vom 7. 9. 1780:

> »Hupsasa
> kupferschmidt
> hals mirs Mensch,
> druck mirs nit,
> lek mi' im Arsch,
> kupferschmidt.«

Am 28. 2. 1778 findet er eine neue Wort-Kombination:

> » . . . und wers nicht glaubt,
> der soll mich lecken ohne End, . . .
> da hat er gwis zu lecken lang,
> mir wird dabey schier selbsten bang«

Leopold Mozart schließt den Brief vom 29. 6. 1778 mit der Versicherung:

» . . . da ich und die Nannerl euch millionmahl sammt dem Pimmpperl küssen und lecken, aber nicht im A– so bin . . . der alte Mzt.«

Zu erwähnen ist in diesem Zusammenhang auch die von Leopold Mozart am 4. 9. 1773 drastisch geschilderte »Historie« von der Malerin Rosa Barducci-Hagenauer und dem »gewissen Uhrenhandler von Geneve« mit der pantomimischen Darstellung des »Arschleckens« am offenen Fenster. Wolfgang schreibt dem Vater am 16. 10. 1777, nach dem »affront« in Augsburg habe er sich entschlossen,

»mich vom ganzen Patritiat im arschlecken zu lassen«.

Am nächsten Tag berichtet er ihm von der Begegnung mit dem P. Aemilian Angerer im Kloster Heilig Kreuz und von dem »Canon«, den dieser angestimmt habe, »als er rauschig war«, zu dem Mozart »sotto voce: zu meiner base« »einen ganz andern text« macht:

»o du schwanz du, leck du mich im arsch«.

Wenn Mozart hier den P. Aemilian – wie im Brief vom 23. 9. 1777 den »Mufti H: C:«, also den Erzbischof – als »schwanz« apostrophiert, so folgt er einem im Bayerischen Kreis, dem auch Salzburg angehörte, üblichen Brauch, über den Johann Pezzl räsoniert: »Das Register aller baierschen Schimpfnamen wäre ungeheuer lang und wunderbar zu lesen. Das schlimmste ist, daß man die Schimpfnamen sogar statt der Begrüßung gebraucht: Besonders sind die Benennungen aller Arten von Schwänzen so geläufig geworden, daß vor einigen Jahren ein lustiger Kopf die bekannte *Schwanzpredigt* drucken ließ, darin er unter dem Thema: Johannes est nomen eius, den baiern in drei Theilen bewies, sie sollten ihren Nächsten 1tens nicht nennen *Katzenschwanz*, 2tens nicht *Biberschwanz*; 3tens nicht *Sauschwanz*, sondern wie er in der Taufe genennt worden.« Als »der alte junge Sauschwanz« bzw. als »Edler v: Sauschwanz« unterzeichnet Mozart sich selbst in den Bäsle-Briefen vom 5. 11. 1777 und 10. 5. 1780. Auch im Personen-verzeichnis von Goethes Farce ›Hanswursts Hochzeit oder Der Lauf der Welt‹ kommt ein »Peter Sauschwanz« und ein Kammerdiener namens »Schwanz« vor.

In Wien hat Mozart das »geflügelte Wort« zur Erheiterung der Sänger und Zuhörer in einigen Kanons, deren Text er selbst verfaßte, zitiert und zwar in:

KV 231 (382c) ›Leck mich im Arsch‹ (angeblich 1782),

KV 233 (382d) ›Leck mir den Arsch fein recht schön sauber‹
(angeblich 1782)

KV 559 ›Difficile lectu mihi Mars‹ (datiert 2. 9. 1788)

KV 559, 560b ›O du eselhafter Peierl [Martin/Jakob]‹
(zwischen 1785–1787 bzw. datiert 2. 9. 1788)
(»...o leck mich doch geschwind im Arsch«).

In diesen Kanon-Texten hat die Wendung nicht den oben erwähnten verächtlichen Sinn, sondern stellt eine fast freundschaftliche, naiv-scherzhafte »Aufforderung« dar, wie sie beispielsweise im Bayerischen noch heute üblich ist.

Hier ist auch die Episode bei der Wiederbegegnung mit Aloisia Weber in München, Ende 1778, zu erwähnen, über die Nissen in seiner Mozart-Biographie berichtet: » ... aber bey der Aloysia veränderte Gesinnungen für ihn fand. Sie schien den, um welchen sie ehedem geweint hatte, nicht zu kennen, als er eintrat. Deshalb setzte sich Mozart flugs an das Clavier und sang laut: ›Ich lass das Mädel gern, das mich nicht will.‹« Rudolf Lewicki weist darauf hin, dieser impro-visierte Text sei in Nissens (im Mozarteum in Salzburg verwahrten) Kollektaneen »in der allerdings sehr urwüchsi-gen, aber sicher authentischen Variante notiert: ›Leck mir das Mensch im A–, das mich nicht will.‹« Wie bereits Blümml festgestellt hat, ist das die Variante eines weitver-breiteten Vierzeilers, den Johann Andreas Schmeller aus Bayern überliefert:

> »Schnupftabak, Rauchtabak
> Und an Prisil,
> Leck mi da Bue im Arsch,
> Der mi net will.«

Die (regelmäßig an Männer gerichtete) Aufforderung »Leck mich am (im) Arsch« als Analerotik zu deuten, ist barer Unsinn. Ebenso abwegig ist die »Deutung« (Karl Hammer) eines Rezitativschlusses aus dem ›Figaro‹ (Akt III, Szene 6), sein »musikalischer Witz [stelle] die echt mozartische Übersetzung eines gewissen Götz-Zitats dar ... (E schiatti il signor Conte al gusto mio. pp!)«.

In gleicher Weise wie das »Arschlecken« ist der »Tritt im arsch« Ausdruck der Verachtung, nicht so sehr der körperlichen Züchtigung. Mozart empfindet es daher als besonders demütigend, als er »durch einen tritt im arsch« des Oberstküchenmeisters Felix Graf Arco im Verlauf der Auseinandersetzungen am 8.6.1781 zur Tür hinaus befördert wird; er droht gleichartige »Satisfaction« an,

> »mit guter gelegenheit dem H. grafen wieder ingleichen einen tritt im arsch zu geben, und sollte es auf öfentlicher gasse geschehen.« (13.6.1781)

Derb-drastische Wendungen finden sich auch in den Versbildungen in den Bäsle-Briefen, so am 13.11.1777:

> »Verzeihen sie mir meine schlechte schrift,
> die feder ist schon alt,
> ich scheisse schon wircklich bald 22 jahr
> aus den nemlichen loch,
> und ist doch noch nicht verissen! –
> und hab schon so oft geschissen – –
> und mit den Zähnen den dreck ab-bissen.«

Im Brief vom 28.2.1778 werden solche Wendungen unbekümmert mit kirchlichen Formeln kombiniert:

> »nun muß ich schliessen,
> ob es mich schon thut verdriessen,

wer anfängt muß auch aufhören,
sonst thut man die leute stöhren,
an alle meine freünde mein Compliment,
und wers nicht glaubt,
der soll mich lecken ohne End,
von nunan bis in Ewickeit,
bis ich einmahl werd wieder gescheid.
da hat er gwis zu lecken lang,
mir wird dabey schier selbsten bang,
ich fürcht der dreck der geht mir aus,
und er bekommt nicht gnug zum schmaus.«

Mozart wurden vereinzelt wegen der Kombinierung kirchlicher Formeln mit der bekannten »Aufforderung« blasphemische Absichten unterstellt. Diese lagen ihm sicherlich völlig fern. Sie beweist im Gegenteil deutlich, daß die »Aufforderung« zu Mozarts Zeit als durchaus harmlos angesehen wurde.

In zwei Bäsle-Briefen, vom 5. 11. 1777 und 28. 2. 1778, gestaltet Mozart förmliche Szenen:

»ach Mein arsch brennt mich wie feüer! was muß das nicht bedeüten! – – vielleicht will dreck heraus? – ja ja, dreck, ich kenne dich, sehe dich, und schmecke dich – – und – – was ist das? – – ists möglich! – – ihr götter! – – Mein ohr, betrügst du mich nicht? – – Nein, es ist schon so – – welch langer, trauriger ton! – –«

Die am Schluß des gleichen Briefes wiedergegebene »trauerige geschichte« hat sich wohl »jezt den augenblick ereignet«, als er den Brief schreibt:

»wie ich an besten an dem brief schreibe, so höre ich etwas auf der gasse. ich höre auf zu schreiben – – stehe auf, gehe zum fenster – – und – höre nichts mehr – – ich seze mich wieder, fange abermahl an zu schreiben – – ich schreibe kaum 10 worte so höre ich wieder etwas – – ich stehe wieder auf – – wie ich aufstehe, so höre ich nur noch etwas ganz schwach – – aber ich schmecke so was angebrandtes – – wo ich hingehe, so stinckt es. wenn ich zum fenster hinaus sehe so verliert sich der geruch, sehe ich wieder herein, so nimmt der geruch wieder zu – – endlich sagt Meine Mama zu mir: was wette ich, du hast einen gehen lassen? – – ich glaube nicht Mama. ja ja, es ist gewis so. ich mache die Probe, thue den ersten finger im arsch, und dann zur Nase, und – – Ecce Provatum est; die Mama hatte recht.« (5. 11. 1777)

» . . . sonst wenn ich etwa schon bin weck,
bekomme ich statt einen brief einen dreck.
dreck! – – dreck! – o dreck! – o süsses wort! – dreck! – schmeck! – auch schön! – dreck, schmeck! – dreck! – leck – o charmante! – dreck, leck! – das freüet mich! – dreck, schmeck und leck! – schmeck dreck, und leck dreck!« (28. 2. 1778)

Das Wort »dreck« in der mundartlichen Wendung »statt einen brief einen dreck« – noch heute in gleichem oder ähnlichem Zusammenhang gebräuchlich – bedeutet einfach »nichts«. Mozart kommt in dem Augenblick, in dem er die Phrase niederschreibt, die Spezialbedeutung »Scheißdreck« in den Sinn, über die er im folgenden unter Heranziehung der Reimworte »schmeck« und »leck« paraphrasiert.

(»Dreck« in diesem Sinne kommt auch in dem Versbrief an die Mutter vom 31. 1. 1778 – »Und haben schon geschißen vielen Dreck« – sowie in dem Kanon ›Gehn wir im Prater‹ KV 558 vor: » . . . im Prater gibt's Haufen voll Dreck.«)

Auch die Scheiben zu dem in der Familie Mozart regelmäßig veranstalteten Bölzlschießen wurden, wie man aus den brieflichen Schilderungen erfährt, sowohl bildnerisch als auch textlich des öfteren recht unbekümmert ausgestaltet. Meist nahmen die Darstellungen und Texte auf ein bestimmtes Ereignis im Familien- oder Bekanntenkreis – z. B. auf die Abschiedsszene zwischen dem Bäsle und Wolfgang oder auf »eine verliebte Historie« Schikaneders – bzw. auf bestimmte Personen, die am Schießen teilnahmen, z. B. auf den Arzt Dr. Johann Nepomuk Prex, Bezug. Wolfgang macht am

4. 11. 1777 von Mannheim aus folgenden Vorschlag für die Ausgestaltung einer Scheibe :

»die scheiben . . . bitte ich mir so aus. ein kleiner Mensch mit lichten haaren steht gebückt da, und zeigt den blosen arsch her. aus seinen Mund gehen die Wort. guten appetit zum schmaus. der andere wird gemacht, in stiefl und sporn, ein roths kleid, eine schöne Perücke nach der Mode ; er muß von mitterer grösse seyn. er wird in der Positur vorgestellt wie er den andern just im arsch leckt. aus seinen Mund gehen die worte. ach, da gehtman drüber n'aus.«

Ob der Vorschlag verwirklicht wurde, ist aus der späteren Korrespondenz nicht ersichtlich.

Am 5. 1. 1778 berichtet Leopold Mozart an Maria Anna und Wolfgang, wie die am Vortag benutzte Scheibe (auf die befreundete Gilowsky-Katherl gemünzte) ausgesehen hat :

»die Scheibe war ein Brandlspiel von 4 Personen, darunter die sich die Näglbeissende Catherl in ihrer wahren Kleidung die Hauptperson war. auf dem Tisch lag ein stich vom Herzbrand, das Herz [s]aß oben auf, auf dem Herz das Centrum. oben die . . . geschwind hingeschriebene vortreff- liche Poesie.

Am Herzbrand leid ich stark ! Herz bleibt mein liebste Farbe : Und, wann ich viele Jahr noch als ein Jungfer darbe ; So gehts auf d'finger los : weil ich stets Nägl beisse. Bekomm ich keinen Mann ! – – dann auf die Welt ich sch—e.«
(»Brandeln« ist ein Kartenspiel.)

Mitte November 1780 zeigte eine Scheibe

»die Catherl wie sie beym Kerschbaumergewelb über den Staffel fällt und den nacketen Arsch herzeigt.«

(Brief Leopold Mozarts vom 11. 11. 1780) Am 18. 11. 1780 ergänzt Leopold :

»das Centrum der gilowsky Cath : Arsch.«

Diese Mitteilung veranlaßt Wolfgang, im nächsten Brief (22. 11. 1780) ein Extra-Compliment »an der gylofsky katherl ihren Arsch« zu übermitteln.

Der Teilnehmerkeis beim Bölzlschießen wechselte. Neben einigen ständigen Schützen, zu denen außer den Mozarts z. B. die Gilowsky Katherl und Joseph Bullinger gehörten, nahmen auch Gäste teil wie Emanuel Schikaneder, als er mit seiner Truppe in Salzburg gastierte, und Wolf Joseph Graf Uiberacker. Bei den Teilnehmern hat die freizügige Gestaltung der Scheiben offenbar keinen Anstoß erregt.

Mutter Mozarts »Gute-Nacht-Wünsche«

Es wurde bereits erwähnt, daß auch die Familie Mozart derbkräftige Redensarten gebrauchte, die Gemeingut der damaligen (und auch späteren) Zeit waren. Ein »klassisches« Beispiel ist der in dem Bäsle-Brief vom 5. 11. 1777 vorkommende Vers:

> »iezt wünsch ich eine gute nacht,
> scheissen sie ins beet daß es kracht;
> schlafens gesund,
> reckens den arsch zum mund.«

Mozart hatte eine Zeile daraus, ins Italienische übersetzt, bereits am 7. 7. 1770 in seiner an die Schwester gerichteten Nachschrift aus Rom zitiert:

»cacate nel letto che egli fà fracasso.«

Auch die Mutter Mozarts drückt in der Nachschrift vom 26. 9. 1777 den »Wunsch« aus:

> »leb gesund,
> Reck den arsch zum mund.
> ich winsch ein guete nacht,
> scheiss ins beth das Kracht«.

Sie verbindet ihn mit der Aufforderung an Leopold:

> »iezt kanst selber Reimen«.

(Die Fortsetzung lautet:

> »Scheiß ins Bett, daß's übergeht,
> morgen ist Elisabeth.«)

Mozart erinnert sich dieser Verse noch Jahre später in Wien und fügt sie dem unterm 2. 9. 1788 ins ›Verzeichnüß‹ eingetragenen Kanon ›bona nox bist a rechta ox‹ (KV 561) ein:

> »gute Nacht, gute Nacht,
> scheiß ins Bett, daß' kracht,
> gute Nacht; schlaff fei g'sund
> und reck' den Arsch zum Mund.«

Eine ebenso geläufige Redensart scheint der dem Bäsle-Brief vom 23. 12. 1778 als »P : S :« angefügte Vers gewesen zu sein:
»Scheis – dibitari der pfarer zu Rodempl
hat sein köchin im arsch geleckt, ein andern zum Exempl.«
Wie hier der (nicht existierende) Ort »Rodempl« sind auch die in der Schäfer-Historie (Brief vom 28. 2. 1778) genannten Orte
»tribsterill wo der dreck ins meer rinnt« und
»burmesquick wo man die krummen arschlöcher dräht«
erfunden. Vielleicht sind aber die letzteren beiden Ortsnamen Verballhornungen der tatsächlich existierenden Orte Tripstrill (Treffentrill, Kreis Heilbronn) und Wurmannsquick (Niederbayern).
Ein weiteres Beispiel aus den Bäsle-Briefen ist der Einschub

> »Oui, par ma la foi,
> ich scheiss dir auf d'nasen,
> so, rinds dir auf d'koi«

(Brief vom 5. 11. 1777), in dem auf das französische »foi« (»ma foi«, d. h. wahrhaftig! meiner Treu!), das hier natürlich nicht französisch, sondern buchstabengetreu auszusprechen ist, das Wort »koi« (mundartlich »Kinn«) gereimt ist. Außer »ich scheiss dir auf d'nasen« in dem erwähnten Bäsle-Brief kommt in dem Kanon ›O du eselhafter Martin [Jakob]‹ KV 560 der Reim »Ich scheiß dir aufs Maul« auf »Du dummer Paul, halt du nur's Maul« vor.
In den von Mutter und Sohn gemeinsam nach Salzburg geschriebenen Briefen von der Pariser Reise 1777/78 wird

einmal eine solche Redensart zwischen Mutter und Sohn aufgeteilt (3. 10. 1777).

Maria Anna beginnt: »es ist alleweil ein Ding, ob«

Wolfgang setzt fort: »ich den Dreck scheiss oder sie ihn friest.« In zwei Varianten und vollständig zitiert Mozart sie im Brief vom 22. 11. 1777:

»das ist allerweil ein ding, ob ich den dreck fresse, oder der Papa ihn scheist – – . . . ich habe sagen wollen, es ist ein ding ob der Papa den dreck scheist, oder ich ihn fresse!«

Die auch heute noch gebräuchliche Redensart:

»gemeint und geschissen ist zweyerley!«

fügt Wolfgang dem Bäsle-Brief vom 28. 2. 1778 ein.

Der Familienname »Mozart«, dem er im Brief vom 23./25. 10. 1777 des Reimes wegen die Silbe »ich« anhängt, ist Wolfgang nicht zu schade für den Reim

»scheißen: das ist hart.«

(3. 12. 1777)

Der Erwartung, der Brief-Adressat möge in seiner Antwort »etwas neues« berichten, begegnet Wolfgang nicht selten mit der Erklärung, »neües giebt es nichts« (27. 10. 1770, 21. 9. 1771) oder er teilt etwas mit, was der Brief-Partner bestimmt nicht zu wissen begehrt, z. B.

»ich weis nichts neues, als das in der lotterie 35. 59. 60. 61. 62. heraus komen ist, und also das wen wir diese Numern gesezt hätten, gewonnen hätten, weil wir aber gar nicht gelegt haben, weder gewonnen noch verlohren, sondern die leute ausgelacht haben.«

(26. 10. 1771) oder in dem Brief an das Bäsle vom 3. 12. 1777:

»Nun weiß ich nichts mehr Neues, als daß eine alte Kuh einen neuen Dreck geschißen hat.«

Erwähnt sei in diesem Zusammenhang die mit wirkungsvoller Steigerung formulierte Mitteilung Wolfgangs im Bäsle-Brief vom 3. 12. 1777:

»Mein Entschluß ist gefaßt; wenn mir noth ist, so gehe ich, doch nach dem die Umstände sind wenn ich das laxiren habe, so lauf ich und wenn ich gar nicht mehr halten kann, so scheiß ich in die Hosen.«

Er fügt die Aufforderung an das Bäsle hinzu, »Ihren Entschluß im nächsten Brief« bekanntzugeben, nämlich ob er in den an das Bäsle gerichteten Briefen »schön oder wild, grad oder krumm, ernsthaft oder lustig« schreiben soll.

Phantasienamen (»Duscheße arschbömmerl«, »gräfin brunzgern« u. ä.)

Daß Mozart nach diesem Muster auch Phantasienamen bildet, kann nicht verwundern. Die Liste der Augsburger Konzertbesucher (Brief vom 17. 10. 1777) enthält so prominente Namen wie

»die Ducheße arschbömerl, die gräfin brunzgern, und dan die fürstin riechzumtreck, mit ihrn 2 töchter, die aber schon an die 2 Prinzen Mußbauch von Sauschwanz verheyrathet sind.«

Leopold Mozart wünscht (20. 10. 1777) die Liste fortgesetzt:
»Ich erwarte die Continuation . . . der Duchesse Arschbömmerl &c :«

Ein Analogon zu dieser Mozartschen Namensliste bildet das Personenverzeichnis von Goethes Farce ›Hanswursts Hochzeit oder Der Lauf der Welt‹, in dem u. a. folgende Personen auftreten: Hans Arsch von Rippach, Reckärschgen, Schnuckfözgen, Nonnenfürzgen, Scheißmatz, Blackscheißer, Hosenscheißer, Leckarsch. In ›Dichtung und Wahrheit‹ erläutert Goethe, es handle sich dabei um »lauter deutsch herkömmliche Sch:mpf- und Ekelnamen«.

Verschlüsselung von Personennamen (»Pfeif mir im arsch . . .«, »fuchsschwanz«)

Wendungen dieser Art gebraucht Mozart regelmäßig in den verschlüsselten Passagen seiner Eintragungen (1780) in Nannerls Tagebuch und in zwei Briefen an den Vater aus

München aus dem gleichen Jahr. Die Verschlüsselung besteht darin, daß Buchstaben (meist die Anfangsbuchstaben) einzelner, in der Regel ungebräuchlicher Wörter nebeneinander gereiht das verschlüsselte Wort bilden, z. B. in der nachstehenden Tagebuch-Eintragung die Worte »Pfeif mir im arsch, pfeif mir im arsch« das Wort »Papa«. Mozarts Eintragung vom 19. 8. 1780 lautet:

»um scheissen, meine wenigkeit, ein Esel, ein bruch, wieder ein Esel, und endlich eine Nase, in der kirche. zu haus geblieben der Pfeif mir im arsch, pfeif mir im arsch ein wenig übel auf. Nachmittag die katherl bey uns. und auch der Herr Fuchs-schwanz, den ich hernach brav im arsch geleckt habe; O köstlicher arsch!«

(»meine wenigkeit« = »ich«, daraus der Buchstabe »i« für »sieben« entnommen. Auflösung: »um sieben in der kirche. zu haus geblieben der Papa, ein wenig übel auf. Nachmittag die Katherl bey uns. und auch der Herr Fiala; . . .« Mozart verwendet das Wort »arsch« in einer Wortkombination zur Verschlüsselung von »Papa«, der Benennung seines Vaters, was er sicher nicht getan hätte, wenn das Wort als anstößig oder beleidigend empfunden worden wäre. Im übrigen könnte die Wort-Kombination »Pfeif mir im arsch« die Erinnerung Wolfgangs an ein Kinderspielzeug in sich bergen, an das gleiche, das Jahre später die Tanzmeister-Mitzerl dem Leopoldl, Nannerls Sohn, schenkte, nämlich ein Pferdchen mit einem »Pfeifferl im Arsch«; Brief vom 13. 1. 1786. – Wenn Wolfgang notiert, der »Papa« sei »ein wenig übel auf«, so bedeutet das nicht, wie W. Hildesheimer meint, Leopold sei »mißgelaunt« gewesen; »übel auf« ist das Gegenstück zu »wohlauf«. Leopold war also etwas unpäßlich.)

Mozarts Eintragung vom 20. 8. 1780 im Tagebuch Nannerls: »der fuchs-schwanz von einem esel den ich ganz abgegriffen hab, und der Esel der mich geleckt hat, hat als ein esel selbst das beste gegeben.«

(Auflösung: »feigele«, ein Bekannter der Mozarts, der sich am Bölzlschießen beteiligt und das »Beste«, einen Preis, gestiftet hat.)

Seine Eintragung vom 23. 8. 1780:

»ein fuchsschwanz, Esel und kreutz-sprung«.

(Auflösung: »feks«, »fex«; vgl. das vorhergehende »nicht wahr, ich bin ein rechter fex?«, d. h. Narr.)

Mozarts Brief vom 13. 11. 1780 an den Vater aus München:

»Sie ist die welche einen fuchsschwanz im Arsch stecken hat, und eine spitzige Uhrkette an ohr hangen, und einen schönen Ring, ich habe ihn selbst gesehen, und soll der tod über mich kommen, ich unglücklicher Mann ohne Nase.«

(Auflösung: »favoritin«; gemeint ist die Gräfin Josepha Paumgarten als Favoritin des Kurfürsten Karl Theodor.)

Mozarts Brief vom 24. 11. 1780 an den Vater aus München:

»wenn Nur der Esel welcher einen Ring zereist, und durch die gewalt einen Bruch bekommet, daß ich ihn darüber scheissen höre wie einen Castraten mit hörner, und mit seinem langen ohr den fuchs-schwanz streicht, nicht so . . . wäre.«

(Auflösung: »Erzbischof«)

Auffallenderweise wird in allen diesen Passagen das Wort »Fuchsschwanz« gebraucht, das auch in anderen Briefen der Mozarts vorkommt, u. a. in dem Brief vom 10. 12. 1777 (» . . . dumme feind, und einfältige und schwache freünd . . . die, weil ihnen das trauerige salzburger brod unentberlich ist, immer den fuchsschwanz streichen«) in der Bedeutung »zurückweichen«, »kuschen« (in der Umgangssprache: »den Schwanz einziehen«) – in diesem Sinne spricht Mozart am 9. 6. 1781 von der »liebe zur fuchsschwänzerey« –, das aber möglicherweise in dieser Zeit noch eine andere Bedeutung hat. Dies ist aus Mozarts Bemerkung über Gretl Marchand zu schließen: »sie solle im singen keinen fuchsschwanz gleichen«. (31. 10. 1783)

Am 13. 11. 1777 schreibt Mozart dem Bäsle folgende mit

dem vorhergehenden und dem anschließenden Text in keinerlei Sinn-Zusammenhang zu bringende Passage:

»wenn auch der Löwe rings-herum in Mauern schwebt, wenn schon des zweifels harter Sieg nicht wohl bedacht gewesen, und die tirranney der wütterer in abweg ist geschliechen, so frist doch Codrus der weis Philosophus oft roz für haber Muß, und die Römmer, die stüzen meines arsches, sind immer, sind stehts gewesen, und werden immer bleiben – – kastenfrey.«

(Möglicherweise ist statt »kastenfrey«: »kostenfrey« zu lesen, wie in Leopolds Brief vom 29. 1. 1778.)

Die Häufung von seltsamen Wortverbindungen läßt vermuten, daß der Zweck der Passage, die aus einem einzigen Satz besteht, die Verschlüsselung eines bestimmten, auch dem Bäsle geläufigen Wortes ist, ähnlich wie in den oben zitierten Tagebuch-Eintragungen. Insbesondere die Verwendung eines Wortes wie »arsch« – das in allen derartigen Verschlüsselungen vorkommt – läßt auf eine solche schließen. Bisher entzog sich jedoch dieses verschlüsselte Wort der Aufklärung.

Mozarts Wormser Brief an die Mutter

Derartige heute als anstößig und derb empfundene Wendungen sind – das ist ausdrücklich zu betonen – zweifellos nur Partikel innerhalb der Umgangssprache gewesen. Wenn sie auch des öfteren in Briefen erscheinen, kann daraus nicht geschlossen werden, daß die Gespräche des Tages ständig in dieser »Tonart« verliefen.

Der in Versen abgefaßte Brief Mozarts vom 31. 1. 1778 aus Worms an seine Mutter enthält fast alle später als »unanständig« gebrandmarkten Passagen, die in den Bäsle-Briefen zu finden sind, noch dazu in einer Häufung, die geradezu einmalig ist. Den Kritikastern, die von der dialektischen Umgangssprache der Zeit keine Ahnung und nur an den dem Bäsle geschriebenen »Schweinigeleien« Anstoß genommen hatten, wäre die Kenntnis dieses Briefes ein Beweis dafür gewesen, daß Wolfgangs Worte keineswegs als »unschicklich« angesehen worden sind.

> »Madame Mutter!
> Ich esse gerne Butter.
> Wir sind Gottlob und Dank
> Gesund und gar nicht krank.
> Wir fahren durch die Welt,
> Haben aber nit viel Geld;
> Doch sind wir aufgeräumt
> Und keins von uns verschleimt.
> Ich bin bei Leuten auch
> die tragen den Dreck im Bauch,
> doch lassen sie ihn auch hinaus
> Sowohl vor, als nach dem Schmaus.
> Gefurzt wird allzeit auf die Nacht
> Und immer so, daß es brav kracht.
> Doch gestern war der fürze König,
> deßen Fürze riechen wie Hönig,
> Nicht gar zu wohl in der Stimme,
> Er war auch selbsten voller Grimme.
> Wir sind ietzt über 8 Täge weck
> Und haben schon geschißen vielen Dreck.
> Herr Wendling wird wohl böse seyn,
> Daß ich kaum nichts geschrieben fein,
> Doch wenn ich komm' über d'Rheinbrücke
> So kom ich ganz gewiß zurücke
> Und schreib die 4 Quartetti ganz
> Damit er mich nicht heißt ein Schwantz.
> Und das Concert spar ich mir nach Paris,
> Dort schmier ichs her gleich auf den ersten Schiß.
> Die Wahrheit zu gestehen, so möcht ich mit den Leuten
> Viel lieber in die Welt hinaus und in die große Weiten,

Als mit der Tac- gesellschaft, die ich vor meiner seh,
So oft ich drauf gedenke, so thut mir der Bauch weh;
Doch muß es noch geschehen, wir müssen noch
zusamm –
Der Arsch vom Weber ist mehr werth als der Kopf
vom Ramm
Und auch von diesem Arsch ein Pfifferling
Ist mir lieber als der Mons: Wendling.
Wir beleidigen doch nicht Gott mit unserem Scheißen
Auch noch weniger, wenn wir in dreck nein beißen.
Wir sind ehrliche Leute die zusammen taugen,
Wir haben summa summarum 8 Augen
Ohne dem wo wir drauf sitzen.
Nun will ich mich nit mehr erhitzen
Mit meiner Poesie; nur will ich Ihnen sagen
Daß ich Montag die Ehre hab, ohne viel zu fragen,
Sie zu embrassiren und dero Händ zu küssen,
Doch werd' ich schon vorhero haben in die Hosen
geschißen.

> à dieu Mamma
> Dero getreues Kind
> ich hab' den Grind
> Trazom.«

(Der Brief ist auf der Rückreise von Kirchheimbolanden, wo
Mozart mit Aloisia Weber konzertiert hatte, geschrieben. –
»verschleimt«: vgl. den Reim »Mohmheim« – »Dommschleim« im Brief vom 14. 11. 1777 und »Mannheim« –
»ohne Schleim« im Bäsle-Brief vom 3. 12. 1777. – »Herr
Wendling«: Es handelt sich um den durch Wendling vermit-
telten Auftrag des »Indianers«, eines »indianischen hollän-
ders«, zur Komposition von Flöten-Quartetten und -Kon-
zerten. Mozart will sie in Paris »gleich auf den ersten Schiß«,
d. h. rasch, nebenbei, »herschmieren«. Auf das Wort »Schiß«
wird auch in der Wortbildung »schistori« [statt »Historie«]
angespielt, die Mozart in dem Bäsle-Brief vom 28. 2. 1778

und im Brief vom 29. 9. 1777 an den Vater verwendet. – »Tac-gesellschaft«: Gemeint ist die bisher frequentierte Gesellschaft der Familie Wendling, die nur eine Gesellschaft »für den Tag«, eine vorübergehende, flüchtige Gesellschaft, ist, nicht für immer, wie Mozart jetzt von der Familie Weber meint. Vgl. auch »ein alle-Tag-freünd« im Brief vom 18. 7. 1778. – »Ramm«: Friedrich Ramm, der »oboist welcher sehr schön bläst«, dem Mozart »ein Praesent mit dem Hautbois Concert« macht und dem er 1781 in München das Oboen-Quartett KV 370/368b widmet. – »lieber als der Mons: Wendling«: Die Abwertung Wendlings begründet Mozart mit dessen angeblicher Religionslosigkeit. Tatsächlicher Grund für die nunmehrige Distanzierung ist die Bekanntschaft mit den »Weberischen«. – »in dreck . . .«: vgl. den analogen Reim »und hab schon so oft geschissen – – und mit den Zähnen den dreck ab-bissen« im Bäsle-Brief vom 13. 11. 1777. – »Grind«: Schorf; des öfteren als Reimwort verwendet, z. B. im Bäsle-Brief vom 28. 2. 1778. – »Trazom«: ein sowohl von Wolfgang als auch von Leopold verwendeter »Wort-Krebs«, d. h. Mozart.)

Mozarts Mutter teilt Leopold am 1. 2. 1778 mit, diesen Brief empfangen zu haben – ohne auch nur ein Wort darüber zu verlieren, daß sie das Schreiben etwa als unschicklich empfunden habe. Constanze Mozart fand diesen Brief, dessen Autograph verschollen ist, ebenfalls nicht so anstößig, daß sie ihn vernichtet hätte; sie sandte ihn, wie auch die Bäsle-Briefe, 1799 an Breitkopf & Härtel. Gustav Nottebohm hat ihn 1880 (unter Weglassung der »derbsten« Stellen) aus dem von ihm bei dem Leipziger Verlag aufgefundenen Abschriften-Heft veröffentlicht. Die »Tonart«, in der Wolfgang hier an seine Mutter schreibt, bliebe unerklärlich, wenn sie der Adressatin etwas völlig Ungewohntes gewesen wäre. Der Brief ist geradezu ein Beweis dafür, daß Wolfgang in einem der Mutter nicht ungeläufigen Umgangston geschrieben hat, über den sie sich wohl amüsierte!

Gedichte von und an »Sallerl«

Wie dargelegt wurde, begegnen »drastische« Worte und Wendungen nicht nur in Mozarts Briefen an das Bäsle, sondern auch in den Briefen der Familienmitglieder untereinander. Außerhalb der Familie, im engeren Freundeskreis, war der Gebrauch später als derb empfundener Ausdrücke ebenfalls geläufig. Z. B. beweisen dies die Scherzgedichte der mit Maria Anna Mozart befreundeten Rosalie Joly (»Sallerl«) und die in der gleichen Form und dem gleichen Ton gehaltenen Antworten Mozarts.

In dem als Nachschrift zu Leopold Mozarts Brief vom 23. 10. 1777 erhaltenen Gedicht zum Namenstag Wolfgangs »dichtet« Rosalie Joly u. a.:

> » . . .
> das glük, was dir hat hier,
> Nur stetts den arsch gezeigt,
> Sey dir in ferneren orth,
> gedopelter geneigt,
> . . .
> Sag deiner Mutter doch . . .
> Sie Soll ihr freundschaft mir,
> Nur noch So lang erhalten,
> So lang sie haben werd
> an ihren arsch Ein spalten,
> bleibts gsund, geliebte Freunt,
> in Freiden und in spaß,
> und Machts zu weillen auch
> Ein kleins duet mit schaß«.

(Ein »duet mit schaß« ist ein »Furz«-Duett.)

Mozart schickt daraufhin am 20. 12. 1777 an die Schwester und Rosalie Joly ein Gedicht mit den Versen:

> » . . .
> es sollen leben alle, der Papa und d'mama,
> die schwester und der bruder, hursassa, hupsasa!

und auch d'metress vom woferl, und auch der woferl
selbst,
und das so lange lange – so lang als er noch krelbst,
so lang als er noch Prunzen, und wacker scheissen
kan,
so lang bleibt er und d'Sallerl, und 's schwesterle
voran,
ein saubers g'sindel . . .«

(»hursassa, hupsasa« wie im »Lied vom Kupferschmied« –
»d'metress vom woferl«: Wahrscheinlich ist die 51jährige
Rosalie Joly gemeint, natürlich scherzhafterweise. –
»krelbst«, recte »krebst«, als Reim zu »selbst« umgebildet.)
In Leopold Mozarts Briefen an dritte Personen sind derartige Ausdrücke selten; gerade daß er einmal die Redensart
»Ich möchte vor Verdruß Pomeranschen scheißen«
in einem Brief an Johann Lorenz Hagenauer zitiert
(13. 9. 1768; wiederholt im Brief an Maria Anna Mozart vom
3. 11. 1770).

*Umgangston im Kollegenkreis (»die grobe, lumpenhafte und
liederliche Hofmusique«) und beim Adel – Nannerl und das
»ordinari«*

Einige Briefstellen bestätigen, daß die innerhalb der Mozartschen Familie und im engeren Freundeskreis gepflegte
ungezwungene Umgangssprache, die Wolfgang auch dem
Bäsle gegenüber spricht, in anderen Kreisen ebenfalls geläufig war. Zwar verkehrten die Mozarts nicht im Kreise der
Salzburger Kollegen von der Hofmusik, distanzierten sich
vielmehr von ihnen und betonten diese Distanz auch in den
Briefen:
»wir – die wir uns alle so von der ganzen hofmusick in allem
unterscheiden« (Mozart am 24. 3. 1781 aus Wien);
»das einzige . . . was mich in Salzbourg degoutirt, ist, daß
man mit den leüten keinen rechten umgang haben kann –

und daß die Musique nicht besser angesehen ist . . .«
(Mozart am 11. 9. 1778 aus Paris).

Schon im Pariser Brief vom 9. 7. 1778 charakterisiert er sie
als

»die grobe, lumpenhafte und liederliche Hof-Musique – es
kann ja ein honneter Mann, der lebensart hat, nicht mit
ihnen leben.«

Aus dem gleichen Brief, in dem er auch über die Mannheimer Hofmusik berichtet, ist e contrario auf die Einzelheiten
zu schließen, die ihn an der Salzburger Hofmusik störten:

»sie führen sich aber auch anderst auf – haben lebens-art, sind
gut gekleidet, gehen nicht in die wirths-häuser und
sauffen.«

In diesem Zusammenhang sind auch die mehrmaligen verächtlichen Bemerkungen der Mozarts über Michael Haydns
»Trunksucht«, zum Beispiel in den Briefen Leopolds vom
29. 12. 1777 und 29. 6. 1778, zu erwähnen.

Daß auch in der Umgangssprache der Salzburger Hofmusi-
ker derbkräftige Töne durchaus nicht fehlten, zeigt des Hof-
Violinisten Antonio Brunetti Ausruf »Cosa? Cazo! se
suonava tutto!«, als von Wolfgangs exzellentem Violinspiel
die Rede ist.

(»Cazo!« recte »Cazzo!«: Penis, hier etwa »Scheiße!«
bedeutend.)

Auch in Kreisen des Salzburger Adels wurden umgangs-
sprachlich derbe Ausdrücke gebraucht. Dies ist aus der von
Leopold Mozart im Brief vom 29. 12. 1777 wörtlich zitierten
Unterredung zwischen dem Domherrn Franz Joseph Graf
Starhemberg und dem 72jährigen Oberstkämmerer Georg
Anton Felix Graf Arco (nach dem plötzlichen Ableben des
Hoforganisten Adlgasser) ersichtlich:

Arco: »Nun seyd ihr angesetzt, nicht wahr? – der junge
Mozart würde euch nun gute dienste gethann haben.«
Starhemberg: »ja, es ist die wahrheit, er hätte sich wohl noch
gedulten können.«

Arco: »wie, gedulten? das ist zum lachen! wer hätte diesen gähen fall vorsehen können – – und wenn auch – was würdet ihr ihm wohl zu seinen geschissenen –f dazu gegeben haben. Es ist sein Glück das er weg ist! man ist lange genug abscheulich mit ihm umgegangen.«

Starhemberg: »ja, das muß ich bekennen, er ist zu sehr misshandelt worden: es muß doch iedermann bekennen, daß er der stärkste Clavierist in Europa ist. Er hätte sich aber ia doch noch gedulten können.«

Arco: »ia scheissen! Es geht ihm ganz gut in Manheim, da hat er eine gute Gesellschaft gefunden mit welcher er nach Paris geht, diesen bekommt ihr nimmer, es geschieht euch recht!«

In der Mozartzeit wurde überhaupt über bestimmte Körper-funktionen wesentlich unbefangener gesprochen als heute – einige Autoren glauben, damit die »anstößigen« Passagen der Bäsle-Briefe »entschuldigen« zu müssen –, wie aus den Briefen Leopold Mozarts an seine verheiratete Tochter Nannerl nachzuweisen ist. In ihnen wird u. a. ausgiebig das »ordinari« (monatliches Unwohlsein) diskutiert ebenso wie in den Briefen der Kaiserin Maria Theresia und ihrer Tochter Maria Antoinette, der Königin von Frankreich, hier unter dem Deckwort »Generalin« oder »Generalin Krottendorf«. Maria Antoinette hat kein Bedenken, den im Februar 1778 von Paris nach Wien zurückreisenden Christoph Willibald Gluck mit der Mitteilung an ihre Mutter zu betrauen, sie sei wieder unwohl geworden (Brief vom 18. 2. 1778: »Ich weiß nicht, ob Gluck vor dem Kurier ankommen wird. Ich habe durch ihn meiner teueren Mama mitgeteilt, daß mein Unwohlsein am 8. wiedergekommen ist. Das sind sechs Tage früher.«) und Gluck übermittelt diese – aus staatspolitischen Gründen mißliche – Botschaft getreulich bei seiner ersten Audienz nach dem Eintreffen in Wien (28. 2. 1778) der Kaiserin, wie diese ihrer Tochter am 6. 3. 1778 bestätigt (»Gluck ist nach dem Kurier eingetroffen und hat mir die

Nachricht gebracht, die mir keine Freude macht und der ich bald überdrüssig sein werde.«)

Mozarts Glückwunsch zur Hochzeit seiner Schwester

Wolfgang leitet den Glückwunschbrief (18. 8. 1784) zur Hochzeit seiner Schwester mit einer Anspielung auf den bevorstehenden Verlust der Jungfernschaft ein und schließt mit einem Gedicht – ist es wirklich seinem »Poetischen Hirnkasten« entsprungen? –, das unverblümt von »Ehestands-Pflichten« handelt:

> »Du wirst im Ehstand viel erfahren
> was dir ein halbes Räthsel war;
> bald wirst du aus Erfahrung wissen,
> wie Eva einst hat handeln müssen
> daß sie hernach den kain gebahr.
> doch schwester, diese Ehstands Pflichten
> wirst du vom Herzen gern verrichten,
> denn glaube mir, sie sind nicht schwer;
> doch Jede Sache hat zwo Seiten;
> der Ehstand bringt zwar viele freuden,
> allein auch kummer bringet er.
> drum wenn dein Mann dir finstre Mienen,
> die du nicht glaubest zu verdienen,
> in seiner üblen Laune macht:
> So denke, das ist Männergrille,
> und sag: Herr, es gescheh dein wille
> beytag – – und meiner bey der Nacht.«

In der Brief-Nachschrift vom 19. 5. 1770 trägt Wolfgang seiner Schwester Empfehlungen an seinen Freund Joachim von Schiedenhofen auf und fügt bei:

» . . . sage ihm, er sol den Repetiter menuet auf den Clavier spiellen lernen, damit er ihm nicht vergessen *thuet*, er soll bald dar zu *thuen*, damit er mir die freüd *thuet* machen, das ich ihm einmahl *thue* accompagnieren. an alle andre gutte freund und freündinen *thue* meine empfehlungen machen, und *thue* gesund leben, und *thue* nit sterben, damit du mir noch kanst einen brief *thuen*, und ich hernach dir noch einen *thuen*, und dan *thuen* wir immer so vort, bis wir was hinaus *thuen*, aber doch bin ich der, der will *thuen* bis es sich endlich nimmer *thuen* läst, inzwischen will ich *thuen* bleiben. . . .«

Das doppelsinnige »thun«

Blümml hat darauf hingewiesen, daß das Wort »thun« doppelsinnig (*facere* und *cacare*) gebraucht ist, daß Mozart hier einem in süddeutschen Mönchskreisen beliebten Lied vom »Tun« folgt und daß dieses Vexierlied gerade in einer Salzburger Liederhandschrift des P. Meingosus Gaelle aus dem Jahre 1777 für Salzburg belegt ist.

Der Sinn des Wortes *thun* erschöpft sich aber nicht in der Bedeutung *facere* und *cacare*, sondern hat auch den auf den Sexus bezüglichen Sinn, in dem Mozart in zwei Bäsle-Briefen (vom 5. 11. 1777 und vom 10. 5. 1780) das Verbum gebraucht:

» . . . warum sollen sie mirs nicht *thun*? . . . ich *thue* ihnens ja auch, wenn sie wollen. . . . warum solle ich es ihnen nicht *thun*? . . .«

» . . . Empfehlung an ihren herrn hervorbringer und fr: hervorbringer – Nemlich an den der sich die Mühe gegeben hat, ihnen zu machen, und an diejenige die sichs hat *thun* lassen.«

Sexuelle Dinge sind hier ebenso diskret angedeutet wie in folgenden Sätzen in den Bäsle-Briefen:

»je vous baise vos mains, votre visage, vos genoux et votre –
– afin, tout ce que vous me permettés de baiser.«
(13. 11. 1777)

»A propos seit ich von Augsburg weg bin, habe ich nicht Hosen ausgezogen; – außer des Nachts bevor ich ins Bett gehe.« (3. 12. 1777)

» . . . und der Vetter giebt ihnen das was er ihnen nicht geben darf.« (10. 5. 1780)

Diese drei Stellen sind die einzigen, in denen sexuelle Anspielungen enthalten sind. Von »zügelloser Verbalerotik« (B. Paumgartner) in den Bäsle-Briefen kann keine Rede sein. Die oben zitierte Stelle aus dem Brief vom 5. 11. 1777 wird als Indiz dafür gewertet, daß sich die Beziehungen Wolfgangs und des Bäsle »nicht im Verbalen erschöpft« hätten (W. Hildesheimer). Es ist doch so, daß, außer bei gemeinsamen Besuchen, z. B. im Kloster Heilig Kreuz, ein Zusammensein der beiden nur im Elternhaus des Bäsle möglich war, kaum im Gasthof »Zum weißen Lamm«, wo Wolfgang mit seiner Mutter wohnte. Daß die Eltern des Bäsle ein intimes Zusammensein »hinten im Stübchen ohne Fenster« geduldet hätten, ist fraglich. Wolfgang versichert zudem dem Vater im Dezember 1781, er könne schwören, »daß ich noch mit keiner frauens-Person auf diese art etwas zu thun gehabt habe. – denn wenn es geschehen wäre, so würde ich es ihnen auch nicht verheelen.« Auch später, im Januar 1782, als der Vater unterstellt, im Weberischen Hause habe man ihm »zur liebe thür und thor eröffnet«, ihm »alle freyheit gelassen«, ihm »alle gelegenheit dazu gegeben etc : etc :«, verwahrt er sich : »mir thut die vermuthung weh genug daß sie glauben können, daß ihr Sohn so ein hauß frequentiren könnte, wo es also zugeht«, eine Äußerung, die wohl auch für das Elternhaus des Bäsle gelten darf. Leopolds spätere Mitteilung (Februar 1785) über das Bäsle, »ein domherr habe ihr glück gemacht«, erscheint eher eine glaubhafte Exemplifizierung dessen, was Johann Kaspar Riesbeck in seinem Reisebericht (1784) aus Augsburg mitteilt :

»Aber die Freyheit der meisten hiesigen Bürger ist so wohlfeil, als die Jungfernschaften ihrer Töchter, welche die hiesigen Domherren, deren Pfründen ohngefehr 2000 Gulden betragen, jährlich duzendweis kaufen.«

Leopold Mozarts Anspielungen auf das »Nächtliche Geig-Exercitium« – »Schneelahnen«

Leopold Mozart drückt sich in einigen Briefen an seinen Augsburger Geschäftsfreund Johann Jakob Lotter schon deutlicher als sein Sohn aus:
»Nun hofe ich bald ein paar gedruckte Bogen zu sehen. Und wenn sie mich, wider alles verhofen noch ferner mit Schneelanen verfolgen sollten, so werde mich an meine liebe fr: Lotterin wenden, und sie bitten, daß sie ihnen so lange die gewisse nächtliche Diversion untersagen sollte, bis allezeit ein paar bogen gesetzet sind.« (4. 10. 1755)
»... Sonst sehete mich gezwungen ... mich mit Ernste an dero ... Frau zu wenden, und gleichwol das Tägliche und Nächtliche GeigExercitium zu verbitten.« (27. 10. 1755)
»In dem (F) Bogen habe schon wieder ein paar unglückselige Zwote erblicket. Vielleicht ist es ein Vorspiel, daß dero Fr: Liebste ein Mädl mit zw--- auf die Welt bringt: diess wäre einmal zuviel. Sie müsste den auch zween Männer, oder einen guten starken haben.« (18. 12. 1755)
(»Bogen«: Es handelt sich um Korrekturbogen der ›Violinschule‹ Leopold Mozarts. – »Zwote«: Leopold Mozart hatte festgestellt, daß in den betreffenden Korrekturbogen statt »zweyte«, wie er im Manuskript geschrieben hatte, »zwote« gesetzt worden war.)
Das am 4. 10. 1755 von Leopold Mozart gebrauchte Wort »Schneelanen« (eigentlich »Lawinen« bedeutend), das ihm offenbar so geläufig war, wie den Eheleuten Lotter, scheint ebenfalls gewisse Zweideutigkeiten zu beinhalten, wie aus der Erläuterung Leopolds im Brief vom 4. 10. 1755 zu folgern ist:

»Was die Schneelanen betrifft: so ist es zwar wahr, daß sie ihre fr: Liebste sehr oft dadurch beleidiget haben. Mich hat keine überschüttet: denn ich merke sie gleich, wenn sie ablaufen wollen. Ich weis auch gar wohl daß es nur so gewisse kleine fehler sind, die man sich bey den Reisen in der Jugend zum spassen angewöhnet, die dann hernach so zur Gewohnheit werden, daß man zuweilen mit dem Munde eine schneelane abfahren lässt, ohne daß das Herz daran Theil hat.«

Eine »Nachricht« über einen vermögenden Salzburger Bekannten, der »mit Presenten die Menscher an sich zieht«, gibt Leopold Mozart Veranlassung, über die Zugänglichkeit der »Menscher«, der weiblichen Dienstboten, zu räsonieren; seine Epistel (21. 1. 1786) klingt mit der rhetorischen Frage aus: »wer kan den Menschern fürs Loch sitzen?«

Schauspielerleben im 18. Jahrhundert

In diesem Zusammenhang ist auch eine kulturhistorisch interessante ungeschminkte Schilderung aus dem Schauspielerleben der damaligen Zeit im Brief Leopolds vom 2. 12. 1785 zu erwähnen. Anknüpfungspunkt ist die Schwängerung der 20jährigen Maria Theresia Antonia von Amann, Tochter des Hofkammerrats Franz Joseph von Amann, durch den Schauspieler Gottlieb Ephraim Teller der in Salzburg gastierenden Truppe des Prinzipals Roman Waizhofer, die man verständlicherweise zu vertuschen suchte, die aber Tagesgespräch in Salzburg war.

– »Da in deinem Brief lese, daß es wegen dem Comoed[ianten] Teller und der Am[ann] tonerl eine abscheuliche Geschichte ist; so muß dir schon noch ganz abscheulichere Dinge erzehlen. H: Teller wollte die Sache auf H: Waizhofer schieben, und sie stritten sich lang darüber, wer cher Papa seyn sollte. Die Sache ist so geheim, daß mirs H: Gratz, da von anderen Lumpereyen die Rede war, die ihr

gleich hören oder lesen sollt, von freyen Stücken, als etwas allgemein bekanntes erzehlte. was sagt ihr nun dazu? – M:^{dme} Hornung, die nun abermahl ihren Theil hat, und doch ehrlich niederkommen will, soll ihrem Manne geschrieben haben, daß sie schwanger sey, und hoffe, daß er, nachdem sie ihm so oft aus der Noth geholfen, er ihr auch itzt hinaushelfen und ihr einen Brief schreiben werde, und vorgeben, daß er unter der Zeit bey ihr in Augspurg geschlaffen hätte etc: – ihr Mann antwortete auch, daß er, wenn sie ihm 6 duggatten schickt, es ohne allen Anstand thun wolle. an jemand von der Gesellschaft schrieb er, daß er es dem Holzmann von Herzen gönne, wenn er an den verwelkten Reitzen seiner Frau noch so viel Vergnügen finde. – die schwäbische neue Sängerin M:^{lle} Kraus, soll dem H: Waitzhofer besucht werden; worüber andere Anbetter aus der Gesellschaft sehr ungehalten sind. Md:^{me} Weizhofer und Teller sind bekanntermassen ohnehin ein paar; ob er gleich seine Nachbarin Simonelli Nannerl fleisig besucht und die Waitzhoferin in einem Mantl eingeschlagen als Mannsbild beym Hauß vorgepasst |:Nachts:| und dem Teller beym herausgehen eine ohrfeige gegeben. da dieser nun die Gesellschaft augenblicklich zu verlassen drohete, weil er selbst Geld hat, so wollte sich Md:^{me} Waitzhoffer Todschüssen. warum hat aber Teller geld? warum hält er einen bedienten? warum einen Wagen? warum hat er Silber Service und prächtige gardarobbe? Weil seine Frau eine vortrefflich schöne, feine und abgeführte Buhlerin ist, die, um Frey mit ihrem LeibsCapital sich viel Geld erwerben zu können, ihn mit allem herrlich versehen weiter geschickt hat, und ihn mit Geld unterstützet, damit er sie in ihrer Arbeit nicht stöhre. Es kommen oft brief mit Geld an ihn, und H: Rauchenpichler sagte uns, daß auch er ihm einen Brief mit 150 f zu behändigen hatte.
Ich und viele hätten glauben sollen, daß Peyrl und seine Frau die ordentlichsten von allen wären, sonderheit[lich] weil sie

mit einander 25 f die woche haben. allein wir betrogen uns alle! Sie haben niemand als der Payerl Mutter bey sich, nämlich die Fr : Bernerin, da die Md :^me Peyrl des Berners Tochter ist. Sobald nun die cher Mama nur den Mund öffnet, schreyt die Tochter schon : halts Maul, du altes Lueder! du alte Bestie! oder ich reds weiter, du Canaglie! etc : etc : etc : und was meint ihr, was denn noch schönes weiter ? – daß du mich ums Geld zur Hure gemacht, bey Cavalliers einge-sperrt etc : etc : etc : habt ihr genug ? – Nein! es heist auch noch : Mein Vatter hält ein Hurenhaus von jungen Mädchen, – schwängert eine nach der anderen etc : etc : – Nun aber habt ihr doch genug! – – – kommt iemand zu M :^de Peyrl so geht der Mann gleich aus. – dermahlen war der Zeitung-schreiber und H : Gschwendner die bekannten Visitten, letzterer hat sie sehr oft bald beym Eyzenberger, bald ander orts bey tractamenten und Soupée, spazierfarthen etc : etc : dann giebts presenten genug, ich weis alleine gewis auf einmahl 6 paar Schue, und einen Stoff zu einem Kleid. – der Mann geht auch seines weegs, und die cher Mamma braucht zur Abkühlung den Theater-Friseur. unterdessen weis ich, daß die M :^dme Payerl kein ganzes Hemd hat, auf dieses denken die adorateurs nicht, und sie verthun ihr Geld, als wenns der Teufl hollte.«

(Der »Zeitungschreiber« ist der Herausgeber und Redakteur der ›Oberdeutschen Staatszeitung‹, Lorenz Hübner. Der »H : Gschwendner« ist jener Franz Xaver Gschwendtner, in dessen Gefährt Mozart im Januar 1779 von München nach Salzburg zurückgereist war.)

Mozart selbst versagt sich nicht, seiner Sehnsucht nach ehelichem Zusammensein mit Constanze in seinem Brief vom 23. 5. 1789 aus Berlin unverhüllt Ausdruck zu verlei-hen, Zeilen, die Nissen später im Autograph unleserlich gemacht zu haben glaubte. Mozarts Gedicht ›Der kunstrei-che Hund‹ steht hinter den Versen und Darstellungen der Scheiben zum Bölzlschießen nicht zurück.

»Ernsthaffte« Passagen in den Bäsle-Briefen – Der »spuni cuni fait«

Gegenüber den oben im einzelnen angeführten »scherzhaften« Partien der Bäsle-Briefe ist der Gehalt an »ernsthaften«, sachlichen Teilen verhältnismäßig gering.

Nachdem Wolfgang beim Abschied von Augsburg einen Vers in französischer Sprache in Bäsles Album geschrieben hatte (am 25.10.1777), kommt er in drei Briefen an das Bäsle auf dessen Absicht, französisch zu lernen, und sein Vorhaben, ihr einen ganzen Brief in dieser Sprache zu schreiben, zurück. Am 31.10.1777 schreibt er:

»mit nächstem werde ich Ihnen einen gantz französischen Brief schreiben, und den können Sie sich alsdenn von Herrn Forstmeister verdeutschen lassen; ich hoffe Sie werden schon zu lernen angefangen haben?«

(»Forstmeister« ist wahrscheinlich scherzhaft; gemeint ist, wie aus anderen Briefen hervorgeht, »Postmeister«.)

In dem Brief vom 13.11.1777 fügt er eine längere Passage in französischer Sprache ein:

» ... j'espére que vous aurés deja pris quelque lection dans la langue française ...«;

am 28.2.1778 erkundigt er sich wieder:

»wie stehts mit der französischen sprache? – darf ich bald einen ganz französischen brief schreiben? – von Paris aus, nicht wahr?«

Daß Mozart dem Bäsle dann wirklich aus Paris »einen ganz französischen brief« geschrieben hätte, ist nicht nachweisbar. Der nächste Brief an das Bäsle stammt offenbar aus Kaisheim (23.12.1778).

Die Aufforderung Mozarts vom 31.10.1777, das Bäsle möge nicht vergessen, »den Herrn Dechant zu ermahnen, damit er mir die Musicalien bald schickt«, steht im Zusammenhang damit, daß er drei Autographe dem Kloster Heilig Kreuz in Augsburg zur Anfertigung von Abschriften überlassen hatte, wie er dem Vater am 20.11.1777 mitteilt: »die Messe ex f. und die erste aus den kurzen Messen in C und das offertorium in Contrapunct in D minor« (KV 192/186f; 220/196b; 222/205a). Letzteres Werk hatte Mozart damals bereits zurückerhalten und zwar wahrscheinlich in dem »Paquet«, dessen Empfang er dem Bäsle am 13. 11. 1777 bestätigt und in dem er dessen versprochenes »Portrait« vermißt. Wann Mozart die beiden Messen aus Augsburg zurückerhalten hat, wird in den späteren Briefen nicht erwähnt. Es ist anzunehmen, daß das Bäsle, die »ober-aufseherin darüber«, die Rücksendung überwachte, wenn nicht selbst vornahm.

In den Bäsle-Briefen vom 5. 11. und 3. 12. 1777 wird auch eine »Sonata« erwähnt, die Wolfgang der jüngeren (Josepha) der »2 Mad:^{selles} freysinger« während seines Münchner Aufenthalts (24. 9. bis 11. 10. 1777) versprochen hatte. Es soll sich um die Klaviersonate KV 311 (284c) handeln. Da Mozart am 3. 12. 1777 schreibt: » . . . werde ich sie doch so bald möglich machen«, Anfang Dezember also noch nicht einmal mit der Komposition begonnen hatte, kann sie nicht »angeblich Anfang November 1777 in Mannheim« entstanden sein (KV⁶ S. 290). Ob Mozart in späterer Zeit, etwa in Paris, dazu gekommen ist, ist zweifelhaft. Zwischen dem 28. 2. 1778 und dem 23. 12. 1778 – in diesen beiden Bäsle-Briefen ist keine Rede von der ›Freysinger-Sonate‹ – scheint Mozart keinen Brief an das Bäsle geschrieben zu haben und in späteren Briefen wird die »Sonata« nicht erwähnt.

Am 5. 11. 1777 berichtet Wolfgang dem Bäsle noch, er habe tags zuvor (4. 11.) die »fr: Churfürstin« (Elisabeth Maria Aloysia Auguste von Pfalz-Neuburg, die Gemahlin des Kurfürsten Karl Theodor) gesprochen und werde anderntags (6. 11.) »in der grossen galla-accademie spiellen«, im Verlauf der anläßlich des Geburtstages des Kurfürsten (4. 11.) veranstalteten Festlichkeiten, dann auch »extra in Cabinet . . . wieder spiellen«. Nach Salzburg berichtet darüber Maria Anna Mozart am 8. 11. 1777; demnach ist

Mozart bereits am 4.11.1777 von der Kurfürstin in Privataudienz empfangen worden. Dem Bericht der Mutter zufolge hat Wolfgang in der Gala-Akademie am 6. November »ein Consert und auf die lest von der schluss Sinvonie aus den Kopf und eine Sonaten gespillet«.

Am 5.11.1777 erwähnt Mozart noch die Mitteilung des Bäsle, »daß der H: Praelat ... schon wieder vom schlag getrofen worden ist«. Dies ist der 63jährige Bartholomäus Christa, »ein recht guter alter datl«, der 1760 zum Probst des Stiftes Heilig Kreuz gewählt worden war und den Mozart Mitte Oktober 1777 im Kloster besucht hatte. Der Prälat starb 1778. Sein Nachfolger wurde »der Schussbartel Ludwig Zöschinger«, der Dechant des Klosters, »ein schlauer Vocativus«, Komponist von »kleinen Gallanterie Stückchen« unter dem Pseudonym »Rechnezgi«, den Wolfgang in seinem Brief vom 31.10.1777 an das Bäsle erwähnt und am 23./25.10.1777 treffend porträtiert.

Die Aufforderung an das Bäsle, nach München zu kommen (Brief vom 23.12.1778) verknüpft Mozart scherzhaft mit der Verheimlichung des beiderseitigen Quartiers. Er bedauert, die Cousine in München nicht logieren zu können, »weil ich in keinen wirthshaus bin, sondern wohne bey – ja wo? – das möcht ich wissen«.

Wolfgang weiß natürlich genau, daß er »beym weberischen« wohnen wird, was er dem Vater auch erst 4 Tage nach der Ankunft in München mitteilt. Analog fordert er das Bäsle auf, ihm »ein kleines briefchen von 24 bögen« zu schreiben, »aber schreiben sie nicht hinein wo sie logiren werden, damit ich sie, und sie mich nicht finden«.

Wie aber nun eigentlich Wolfgang und das Bäsle sich trotz der hier vorenthaltenen Münchener Adresse getroffen haben, ist aus den Briefen nicht festzustellen.

Eine Episode während des Salzburger Aufenthalts Maria Anna Theklas (Anfang 1779) wird ein Jahr später in Wolfgangs Brief vom 24.4.1780 in Erinnerung gerufen, als

Wolfgang vom Tode Ignaz Joseph Hagenauers (*8.3.1743), bei welchem das Bäsle mit Wolfgang und Nannerl seinerzeit »im Erker-stübel Choccolate getrunken«, berichtet – er war 14 Tage zuvor, am 9.4.1780, gestorben – und davon, daß nunmehr dessen älterer Bruder Johann Nepomuk Anton (1741 bis 1799) – in den Mozart-Briefen meist »Herr Johannes« genannt – jetzt »recht daran« müsse, »welches ihm ein bischen sauer ankömmt.«

In dem gleichen und dem nächsten Brief, vom 10.5.1780, kommt Wolfgang auch auf das Auftreten der Schauspieler-truppe des Johann Heinrich Böhm zu sprechen, die in Salzburg gespielt hatte und anschließend vom 28.3. bis 19.5.1780 in Augsburg gastierte. Die von Mozart an das Bäsle gestellte Frage: »Ist die Böhmische trup schon weck«, kann sich nur auf diese Spielzeit beziehen und dementspre-chend ist der (scherzhafterweise) auf »den 10ten may 1709ni« datierte Brief eben nicht in das Jahr 1779, sondern in das Jahr 1780 zu datieren. Böhm ging mit seiner Truppe von Augsburg nach Ulm; darauf bezieht sich Mozarts Frage: »sie wird nun in ulm seyn, nicht wahr?«

Mozart scheint durch Vermittlung des Bäsle mit Böhm während dessen Augsburger Gastspiels wegen einer »Aria« korrespondiert zu haben. Daß es sich dabei um eine Komposition handelt, die eine Originalarie aus der ›Finta giardiniera‹ ersetzen sollte, die Böhm in deutscher Überset-zung unter dem Titel ›Die verstellte Gärtnerin‹ am 1. und 17.5.1780 in Augsburg zur Aufführung brachte, ist unwahr-scheinlich.

In den zwei Bäsle-Briefen vom 24.4. und 10.5.1780 erkun-digt sich Wolfgang auch nach zwei Mitgliedern der Truppe Böhm: Johann Georg Murschhauser und Elias Vogt.

An eine Augsburger Spezialität erinnert sich Mozart in dem Brief vom 10.5.1780 mit der Frage: »lebt's thüremichele noch?« Das »Tura Michele«, eine 1616 geschaffene Figur des Hl. Michael über der Uhr am Augsburger Perlachturm, war ihm wohl, außer durch Erzählungen des Vaters, auch aus dem eigenen Aufenthalt in Augsburg im Oktober 1777 im Gedächtnis.

In dem gleichen Brief erwähnt Mozart einen gewissen »feigele« und gebraucht dessen Namen in der Kombination »feigelrapèe«. Auch in Nannerls Tagebuch wird »feigele« 1779 und 1780 genannt, außerdem in ihrem Brief vom 18.12.1780, ferner in Briefen Wolfgangs vom 15.12.1781 und 29.5.1782 aus Wien. Letzterem Brief zufolge hat »H : v : feigele« Mozart anvertraut, »daß er verliebt seye ... in – – meine Baase«, also in das Augsburger Bäsle. Dieser »feigele« – Karl Bernhard von Feigele aus Kempten – war den Mozarts aus seiner Studienzeit an der Salzburger Universität bekannt. Er hatte damals in der Familie Mozart verkehrt und sich auch am Kartenspiel und Bölzlschießen beteiligt. Die Beziehungen zwischen Feigele und dem Bäsle scheinen bereits 1780 bestanden zu haben. Mozart scheint sie nur als vorübergehend betrachtet zu haben, denn er schreibt: »bin nur fürwitzig wie lange es mit diesem dauern wird«, eine aufschlußreiche Frage, die auf vorhergegangene kurzfristige Liaisons des Bäsle schließen läßt.

Ungeklärt ist die Bedeutung des Wortes (Begriffes) »spuni cuni fait« in den Bäsle-Briefen vom 5.11.1777 und 28.2.1778:

»haben sie den spuni cuni fait auch?«,

» ... um den Spuni Cuni fait fragen ...«

»haben sie den spunicunifait noch?«

Auch die vorhergehenden und nachfolgenden Sätze erleichtern das Verständnis des Wortes nicht. Möglicherweise ist »fait« französisch auszusprechen.

Der letzte bekannte Brief Mozarts, die Antwort auf einen verschollenen Brief des Bäsle, stammt aus der Zeit nach der Übersiedlung Mozarts nach Wien. Enthalten die beiden vorhergehenden noch Nachklänge der übermütigen Reisebriefe von 1777/78, so hat Mozart in diesem letzten Brief vom 23.10.1781 an das Bäsle wirklich nur noch »gescheutes« geschrieben. Die darin geäußerte Hoffnung, »daß unsere Correspondence liebes bääsle, nun erst recht angehen soll!«, wird Mozart selbst, damals schon zur Heirat mit Constanze Weber entschlossen, nicht ernst genommen haben. Jedenfalls verlautet nichts davon, daß der Briefwechsel fortgesetzt worden ist.

Über die Adressatin der Bäsle-Briefe, Maria Anna Thekla Mozart

Die Lebensgeschichte der Adressatin der Bäsle-Briefe, Maria Anna Thekla Mozart, ist im wesentlichen bekannt. Geboren am 25. 9. 1758, also ca. 2 ½ Jahre jünger als ihr Vetter Wolfgang, verbrachte sie ihre Jugend in Augsburg, wo sie am 22. 2. 1784 eine uneheliche Tochter gebar. 1812 siedelte sie nach Kaufbeuren über, 1814 nach Bayreuth. Hier verstarb sie am 25. 1. 1841.

Persönliche Begegnungen Wolfgangs mit seiner Cousine sind nachweisbar bzw. möglich:

a) vom 22. 6. bis 6. 7. 1763 in Augsburg während des Aufenthalts der Familie Mozart (Leopold, Maria Anna, Nannerl und Wolfgang) auf der großen Reise 1763/66; Wolfgang 7 Jahre, Maria Anna Thekla 4 ½ Jahre;

b) am 6. 10. 1766 in Augsburg auf dem Rückweg der großen Reise; Wolfgang 10 Jahre, Maria Anna Thekla 7 ½ Jahre;

c) vom 11. bis 26. 10. 1777 in Augsburg während des Aufenthalts von Maria Anna und Wolfgang auf der Reise nach Paris; Wolfgang 21 Jahre, Maria Anna Thekla 18 ½ Jahre;

d) Anfang bis Mitte Januar 1779 in München während des dortigen Zusammentreffens von Wolfgang und Maria Anna Thekla; Wolfgang fast 23 Jahre, Maria Anna Thekla über 20 Jahre;

e) Frühjahr 1779 in Salzburg während des dortigen Aufenthalts des Bäsle; Wolfgang 23 Jahre, Maria Anna Thekla im 21. Jahr;

f) vom 7. bis 10. 3. 1781 in Augsburg während des Abstechers Leopolds, Nannerls und Wolfgangs von München aus; Wolfgang 25 Jahre, Maria Anna Thekla 22 ½ Jahre;

g) am 28. (oder 29.) 10. 1790 in Augsburg auf der Rückreise Wolfgangs von Frankfurt/Main; Wolfgang 34 Jahre, Maria Anna Thekla 31 ½ Jahre.

Des Bäsle äußere Erscheinung ist aus einem Porträt bekannt,

das Maria Anna Thekla dem Vetter vor seiner Abreise von Augsburg (26. 10. 1777) nachzuschicken versprochen hat. An dieses Versprechen erinnert Wolfgang die Cousine in vier Briefen: vom 31. 10. 1777, 5. 11. 1777, 13. 11. 1777 und 3. 12. 1777. Bis zum 3. 12. 1777 hat Mozart das Porträt also nicht erhalten. Er selbst erwähnt es in einem späteren Brief nicht mehr. Aus einer Bemerkung Leopold Mozarts vom 2. 2. 1778 (»Sie hat dem Wolfg: ihr Portrait geschickt, das er immer von ihr verlangte«) ist zu entnehmen, daß Wolfgang das Bild zwischen dem 3. 12. 1777 und dem 2. 2. 1778 erhalten hat, wohl in Mannheim. Leopold hat jedenfalls durch eine direkte Mitteilung aus Augsburg davon Kenntnis erhalten.

Das Porträt, eine Bleistiftzeichnung (Abbildung auf Seite 2), heute im Besitz der Internationalen Stiftung Mozarteum Salzburg, war Bestandteil des Vermächtnisses von Franz Xaver Wolfgang Mozart an »Dommusikverein und Mozarteum« in Salzburg. Es ist in dem von Aloys Fuchs im Herbst 1844 aufgelegten ausführlichen Verzeichnis des Vermächtnisses unter Punkt XIII/C/3 erwähnt:

»Zwei Bleistiftzeichnungen unter Glas und Rahmen, die wohlgetroffenen Porträts von Leopold Mozart und seiner Nichte zu Augsburg vorstellend«.

Auch in dem von Franz Jelinek, seit 1841 Archivar des Mozarteums, angefertigten Verzeichnis ist die Zeichnung im Abschnitt IV »Verschiedene Effekten aus dem Nachlasse Mozarts« unter Nr. 14 aufgeführt.

Nach dem Tode Mozarts dürfte das Porträt, das er offenbar bis zu seinem Tode aufbewahrt hat, zunächst im Besitz Constanzes gewesen sein, die es zu einem unbekannten Zeitpunkt ihrem Sohn Franz Xaver Wolfgang überlassen hat, oder dieser hat es bei der Erbauseinandersetzung nach Constanze (1842) an sich gebracht.

Zum Porträt des Bäsle schreibt Ludwig Wegele:

»Sie trägt die Goldhaube des Augsburger Bürgermädchens

und ein Kleid mit dunklem Umhängetuch. Die Augsburger Damenkleidung war damals noch strengen Vorschriften nach Ständen und Konfessionen unterworfen. Immerhin war Marianne die Tochter eines angesehenen Handwerkers und konnte sich einen gewissen Staat erlauben.«

(Dieser »angesehene Handwerker« begleitete Mozart zum Stadtpfleger Langenmantel »und hatte die Ehre oben im vorhause wie ein laquais zu warten, bis ich von dem Erzstadtpfleger herauskommen würde.«)

Ob Maria Anna Thekla wirklich eine »Goldhaube« trägt, sei dahingestellt; es könnte auch ein einfaches Spitzenhäubchen sein, das dem schlichten Kleid eher angemessen wäre. Dieses hat übrigens eine bemerkenswerte Ähnlichkeit mit der Tracht des »Schokoladenmädchens« (›La belle chocolatière‹), des Wiener Stubenmädchens Nandl Baldauf, in dem bekannten Pastellbild (1745) von Jean Ètienne Liotard (1702 bis 1789). Sollte es sich wirklich um die »Augsburger Damenkleidung« der damaligen Zeit handeln, dann hätte Maria Anna Thekla nicht dem Wunsch Wolfgangs entsprochen, sich »in französischen aufzuge« porträtieren zu lassen, in dem sie, wie Wolfgang dem Vater am 25. 10. 1777 geschrieben hat, »um 5 p[er] cento schöner« ist.

Ein »Porträt« Maria Anna Theklas (»oben ohne«) hat Mozart, mit erläuternden Bemerkungen versehen, seinem Brief vom 10. 5. 1780 eingefügt (siehe Umschlag dieses Buches!).

Inwieweit die beiden Porträts ähnlich sind, läßt sich nicht feststellen. Leopold Mozart äußerte jedenfalls, das Wolfgang vom Bäsle übersandte Porträt werde »etwa vermuthlich nicht einmal gut getroffen seyn«. Nach Wegele soll das »breitflächige Gesicht mit der starken Nase charakteristisch schwäbisch« sein.

Wolfgang hat der Cousine als Gegengabe sein Porträt versprochen; daß er sein Versprechen halten werde, beteuert er in den Briefen vom 3. 10., 5. 11. und 13. 11. 1777. Als dieses Porträt wird heute die im Mozarthaus in Augsburg befindliche gerahmte Miniatur (oval) aus Elfenbein angesehen. Als Entstehungszeitpunkt wird »Augsburg, Oktober 1777, oder Mannheim, November 1777« angegeben. In Augsburg und im Oktober 1777 kann die Miniatur Wolfgangs, wenn es sich tatsächlich um das von ihm dem Bäsle verehrte Bildnis handelt, wohl kaum entstanden sein; denn Wolfgang verspricht ja noch Mitte November von Mannheim aus, er werde sein Wort halten. Die Miniatur wird also später und in Mannheim entstanden sein. Aus den Mannheimer und auch aus den späteren Briefen Mozarts ist allerdings nicht zu entnehmen, daß er das dem Bäsle gegebene Versprechen eingelöst hätte. Arthur Schurig erwähnt, die Miniatur sei bis zum Tode der Cousine (1841) im Besitz derselben gewesen.

Von der Hand des Bäsle sind zwei briefliche Äußerungen erhalten, beide an Leopold Mozart gerichtet. Dem Brief Mozarts vom 17.10.1777 fügt sie eine Nachschrift bei, die ungefähr eine Woche nach Ankunft Maria Annas und Wolfgangs in Augsburg geschrieben ist. Wegele, der diese Zeilen irrtümlicherweise als den »einzigen« erhaltenen Brief Maria Anna Theklas bezeichnet, ist der Meinung, sie ließen darauf schließen, daß es mit ihrer Schulbildung nicht sehr weit her gewesen zu sein scheine. Falls sich das auf die Orthographie beziehen sollte, so ist festzustellen, daß man zur Mozartzeit zwar eine »Rechtschreibungskunst« kannte – Leopold Mozart erwähnt sie in einem Brief vom 22.9.1785; Klopstock hatte Grundsätze derselben 1778 erörtert – aber noch keine allgemein verbindlichen Regeln. Der Stil der Nachschrift des Bäsle bezeugt, daß das Bäsle sehr wohl in den Erfordernissen der Korrespondenz mit einer Respektsperson unterwiesen worden ist. Nachstehend der von (vermeintlichen) »Orthographiefehlern« gereinigte Text:

»Insonders liebwertister

Herr Vetter

Es ist mir unmöglich, auszudrücken wie viele Freude wir ob der glücklichen Ankunft der Frau Bas als einen so allerliebsten Herrn Vetters empfunden, nur ist zu bedauern so edle Freunde so geschwinde wieder zu verlieren, die so viele Freundschaft gegen uns zeigen, nur bedauern wir, nicht das Glück zu haben, auch Sie samt der Freu[lein] Bas zu sehen; meine Eltern, die sich gehorsamst empfehlen Herrn Vetter und Freul[ein] Bas, und hoffen, daß Sie sich wohl befinden, und es stets wünschen, bitten mich der Freule[in] Bas zu empfehlen, sich stets in dero Freundschaft zu erhalten, wie ich mir auch von Ihnen schmeichele, Ihre Gewogenheit zu erhalten; ich habe die Ehre, mich zu empfehlen, und ersterbe mit aller Hochachtung

ergebene Dienerin
und Bas M.A.
Mozartin

Der Vater weiß sich nicht mehr zu erinnern, ob er es gemeldet, daß er H. Lotter den 31. Mai 1777 4 Violin-Schulen geben und den 13. August wieder zwey geben.«

(Das »Insonders liebwertister« in der Anrede setzt eigentlich ein anderes, allgemeineres Adjektiv voraus, wie z. B. in dem Beethoven-Brief von 1787: »Hochedelgebohrner insonders werther Freund«.)

Wie unbeholfen ist dagegen Constanze Webers Fortsetzung von Mozarts Brief an Leopold vom 25. 5. 1782! Ihre Tagebuch-Eintragungen von 1828 bis 1837 sind keineswegs gewandter geworden.

Das zweite handschriftliche Dokument des Bäsle sind einige mehrmals durch glossierende Bemerkungen Wolfgangs unterbrochene Zeilen, wiederum an Leopold Mozart, die sie dem Brief Wolfgangs vom 8. 1. 1779 beifügt. Sie sind in München geschrieben, wohin Maria Anna Thekla, der Aufforderung des Vetters folgend, gekommen war. Daß sie dort die ihr von Wolfgang in Aussicht gestellte »grosse Rolle zu spiellen bekommen« hat (23.12.1778), ist im Hinblick auf die Enttäuschung, die Wolfgang selbst bei Aloisia Weber erlebte, unwahrscheinlich. Ihre Zeilen, datiert »8 je.moi« [zu lesen als »janvier«] 1779« (korrigiert aus »1778«), richtet sie an »Monsieur mon trés chér oncle«, damit bekundend, daß sie sich mit der französischen Sprache beschäftigt hatte, wie der Vetter 1777 angeregt hatte. Wolfgang kann es nicht lassen, eine derbe Schlußzeile anzuhängen. (»wo der lezt noch nicht geschissen hat«).

Der Vollständigkeit halber sei auch noch erwähnt, daß von ihrer Hand außerdem ein Albumblatt, datiert 22.8.1790, erhalten ist, das Wegele im Faksimile publiziert hat.

Schwäbischer oder Salzburger »Humor« in den Bäsle-Briefen?

Es wird behauptet, Wolfgang und das Bäsle seien durch das »gemeinsame Erbe eines kräftigen schwäbischen Humors zu den übermütigen Streichen in Wort und Werk beflügelt« worden, und die Bäsle-Briefe seien »Zeugnisse ... des echten Schwabentums, das er gerade in diesen Neigungen mit dem Bäsle teilte« (Ernst Fritz Schmid). Ludwig Schiedermair erwähnt »die frische Munterkeit und ungeschminkte Derbheit der Cousine, die mit albernen Scherzen und kräftigen Ausdrücken nicht sparte«. Dazu ist festzustellen:

a) Die in den Bäsle-Briefen Wolfgangs enthaltenen Scherze und Wort-Spielereien kommen in jeder Formulierung, von der harmlosesten bis zur »derbsten«, auch in anderen Briefen vor, auch schon vor Wolfgangs Aufenthalt in Augsburg 1777.

b) Daß das Bäsle seinerseits »mit albernen Scherzen und kräftigen Ausdrücken nicht sparte«, kann lediglich vermutet werden, weil die Briefe Maria Anna Theklas an Wolfgang verschollen sind und anderweitige Äußerungen dieser Art fehlen. Wenn in der deutschen Übersetzung von Arthur Hutchings' ›Mozart. The Man‹ (1976) behauptet wird, das Bäsle habe Wolfgang »mit der gleichen Schlüpfrigkeit« geantwortet, so ist das aus dem gleichen Grund reine Phantasie.

c) Den Scherzen Wolfgangs wie überhaupt seinem Briefstil fehlt jede spezifisch schwäbische Prägung.

Zu berücksichten ist folgendes: Leopold Mozart, 1719 geboren, kam 1737, also mit 18 Jahren, nach Salzburg. 50 Jahre seines Lebens, insbesondere die ihn prägenden Jahre, hat er in Salzburg verbracht. Mit seiner Übersiedlung nach Salzburg hat sich Leopold Mozart ein für allemal von Augsburg getrennt. Wenn er an Wolfgangs Reise nach Augsburg denkt, fallen ihm Wielands ›Abderiten‹ ein (18. 10. 1777). Soweit er den Kontakt mit dem Bruder Franz Alois und mit Johann Jakob Lotter aufrecht erhält, geschieht es aus rein geschäftlichen Gründen.

Als Wolfgang 1756 in Salzburg geboren wird, lebt sein Vater seit fast 20 Jahren in Salzburg. Dafür, daß ihm der Vater bewußt schwäbische Art und schwäbischen Lebensstil vermittelt oder anerzogen hätte, geben weder die Briefe noch andere Dokumente irgendwelche Anhaltspunkte. Des Mentors Joseph Bullinger, eines geborenen Schwaben, Ausspruch (13. 10. 1777): »Nun werden ihnen die Ohren wehe thun vor lauter a« vor dem Eintreffen Wolfgangs in Augsburg ist ein eindeutiges Zeichen dafür, daß die schwäbische Aussprache (mindestens von Worten mit dem Vokal »a«) Wolfgangs empfindliche Ohren geradezu schmerzte.

Aus den Briefen und Aufzeichnungen Mozarts können nur ganz wenige Suevismen belegt werden:

In den teilweise in »Soisburgarisch« abgefaßten Teil seines Briefes (aus Neapel) vom 5. 6. 1770 an die Schwester flicht Wolfgang den einzigen kompletten schwäbischen Satz, eine geläufige Scherzfrage, ein: »mädle, las da saga, wo bist dan gwesa, he!«. Außerdem kann als schwäbisch etwa noch die Anrede »Bäsle« samt dem Reimwort »Häsle« bezeichnet werden. Mozart hat seine Cousine auch keineswegs konsequent und stets »Bäsle« genannt, sondern nur in einer beschränkten Zahl von Briefen (nicht vor dem 17. 10. 1777 und nicht nach dem 8. 1. 1779). Im übrigen spricht er von seiner »Base« (»baase«) und – salzburgerisch – von seinem »Basl«. Leopold Mozart nennt seine Nichte zwar einige Male (zur Zeit des Aufenthalts Wolfgangs in Augsburg) ebenfalls »Bäsle« sowie »Jungf: Bäsle«, meist aber »Jungf: Baß« (»Baas«), »meines Bruders Tochter« und »meine Niece«. Maria Anna spricht von der »Jungfer bas«.

Erich Valentin weist mit Recht darauf hin, Mozarts »eigentlichster Wesenszug, die Freude am Humor, war das salzburgische Erbgut, nicht minder als das Gefühl für Form und Schönheit«. Nach Hans Joachim Moser war es »Anna Maria Pertl, die ihrem Sohn den echt Salzburger Sinn für derbe Komik vererben sollte«. Wilhelm Spohr sieht geradezu »das Rätsel der Bäslebriefe . . . genügend geklärt« in der Feststellung: »Er schrieb im Stil seiner Salzburger Mutter und hoffte damit dem Bäsle aus der Augsburger kleinbürgerlichen Kultur zu imponieren«. Erich Schenk, der sich um die Erforschung von Mozarts Salzburger Vorfahren verdient gemacht hat, schreibt: »In der Persönlichkeitssynthese Mozarts spielt der mütterliche Anteil eine wesentlich größere Rolle, als die einschlägige Literatur bis heute ausweist. . . . Inniges Gefühlsleben, unbeirrbarer Optimismus, ursprüngliche Begabung für Musik und das Theatralische, rege Phantasietätigkeit, Mutterwitz und jene unverblümte Vorliebe für das urwüchsige Heitere und die beim Sohn so ausgeprägte Spottlust gelten zudem als Wesenszüge des bäuerlichen Menschen aus salzburgischem Flachland.« Auch körperlich hat Mozart »der Mutter mehr geglichen . . . als dem Vater. Ein Blick auf das Familienbild von Della Croce verrät die sprechende Ähnlichkeit von Stirn und Nasenbildung, ebenso der Augenpartie. ... Selbst im Zug der Handschriften beider erkennt man bei aller Unterschiedlichkeit und Eigenart charakterologisch bedingte Entsprechungen.« Auf einer der Italienreisen, in Rovereto, stellt ein alter Bekannter der Mozarts, der Kreishauptmann Nicolò Cristani, die Ähnlichkeit Wolfgangs mit seiner Mutter fest, wie Leopold seiner Frau am 7. 1. 1770 mitteilt: »Sobald wir zu ihm kamen, sagte er, der Wolfg: sehe dir gleich, er erinnere sich völlig deiner Bildung« (d. h. Gesichtsbildung, Gestalt).

Wie haben das Bäsle und dessen Eltern die Briefe aufgenommen?

Die Frage liegt nahe, wie eigentlich das Bäsle die Briefe des Vetters aufgenommen hat. Sein »Stil« dürfte ihr nach dem vorhergegangenen 14tägigen Aufenthalt Wolfgangs in Augsburg, bei dem er ja häufig mit dem Bäsle beisammen war, nichts Neues gewesen sein. Vielleicht hat sie nicht alle Anspielungen in den Briefen verstanden. Immerhin dokumentiert Wolfgang mit der Aussage: »sie ist auch ein bischen schlimm« (17. 10. 1777) den »Gleichklang« zwischen sich und der Cousine. (Bereits 1763 hatte Leopold Mozart dem Hauswirt aus Wien berichtet, der Wolfgang sei »ganz ausserordentlich lustig, aber auch schlimm«.) Da Mozart es immer verstanden hat, sich nicht nur in den Kompositionen auf die Interpreten einzustellen, sondern auch in der Korrespondenz auf die jeweiligen Partner, so hätte er sicher nicht in dem aus den erhaltenen Briefen an das Bäsle bekannten Ton an die Cousine geschrieben, wenn er nicht eine gewisse »Stil-Verwandtschaft« bei ihr wahrgenommen hätte.

Die Bäsle-Briefe keine Liebesbriefe

Falls Maria Anna Thekla aus dem unbekümmerten Ton in Wolfgangs Briefen, die ja alles andere als »Liebesbriefe« sind, auf eine besondere Zuneigung Wolfgangs schloß, so hat sie des Vetters Einstellung zu ihr gründlich verkannt. Gerade die zahlreichen und teilweise derben Scherze schließen es aus, eine tiefere, ernsthafte Neigung Wolfgangs oder gar eine Heiratsabsicht auf seiner Seite anzunehmen. Schurig meint: »Leopold Mozart scheint eine Zeitlang die Erwartung gehegt zu haben, sein Sohn werde ihm seine um 2 ½ Jahre jüngere Base als Schwiegertochter zuführen. Er hätte nichts dagegen gehabt«. Für diese Annahme Schurigs gibt es nicht den geringsten Anhaltspunkt. Leopold dürfte weder 1777 noch später eine Heirat Wolfgangs und Maria Anna Theklas in Erwägung gezogen haben. Nichts als Phantasie ist auch die Behauptung Henri Ghéons: »Ihr Vater möchte die beiden verheiraten; die Base sagt nicht nein.«

Daß es dem Bäsle nicht an Verehrern fehlte, geht aus zwei Briefen Mozarts hervor – sie muß also doch irgendwie anziehend gewirkt haben. Am 6. 10. 1781 wird der in der Trattnerischen Buchhandlung in Wien beschäftigte Johann Friedrich Schmidt als »der arme verunglückte adorateur von der Baase« bezeichnet und am 29. 5. 1782 berichtet Mozart, wie bereits erwähnt, der ihm aus seiner Salzburger Zeit bekannte Karl Bernhard von Feigele habe ihm geschrieben, er sei in die Augsburger Base verliebt.

Leopold Mozart hatte seiner Nichte schon 1777 in ironisch-anzüglicher Formulierung »zu viel Bekanntschaft mit Pfaffen« nachgesagt. Wolfgang entgegnet zwar, das Bäsle sei »nichts weniger als ein Pfaffenschnitzl«, und das Bäsle selbst protestiert »wider das Pfaffenschnitzl . . . Solemniter«. Aber Leopold Mozart behält wieder einmal recht: Der Vater des unehelichen Kindes, das Maria Anna Thekla 1784 gebar, war ein Augsburger Domherr.

Eine weitere Frage ist die, wie die Eltern des Bäsle, Franz Alois und Maria Viktoria Mozart, die Briefe Wolfgangs an ihre Tochter aufnahmen. Nach damaliger Sitte ist es völlig unwahrscheinlich, daß das Bäsle allein die Briefe des Vetters gelesen hat; vielleicht durfte das Bäsle sie gar nicht allein in

Empfang nehmen und öffnen. Adressiert war allerdings mindestens der Brief vom 10. 5. 1780 direkt an »Mademoiselle Marie Anne de Mozart a Augsbourg«; andere mögen Einschlüsse in Briefen an Franz Alois Mozart gewesen sein. Es ist anzunehmen, daß die Eltern des Bäsle an den unbekümmerten Salzburger Umgangston nicht nur vom Augsburger Besuch Wolfgangs im Herbst 1777 her gewohnt waren, sondern daß er ihnen auch von den mehrmaligen früheren Besuchen Leopolds in Augsburg geläufig war. »Schneelahnen« dürfte Leopold ja nicht nur bei den Lotters haben »abfahren« lassen.

Auch die Mutter Mozarts hat Wolfgangs Briefe an das Bäsle vor der Absendung gelesen. Dies geht aus den Eingangsworten des Briefes vom 13. 11. 1777 eindeutig hervor: Maria Anna ermahnt Wolfgang, dem Bäsle »einmahl einen gescheiden brief« zu schreiben, also einen Brief, der Ernsthaftes enthält und nicht nur völlig aus »spass« besteht (wie der Brief vom 5. 11. 1777). Wenn Maria Anna Bedenken gegen den ihr vertrauten Ton Wolfgangs gehabt oder deswegen einen nachteiligen Eindruck bei den Eltern befürchtet hätte, wären die Briefe kaum abgeschickt worden. (Sind der Mutter eigentlich die angeblich so »eindeutigen« Hinweise auf »nicht nur verbale Beziehungen« Wolfgangs zum Bäsle nicht aufgefallen? Hat sie etwa auch »intime Beziehungen« vermutet oder gar von solchen gewußt?)

Mozarts Unterhaltungen bei der Familie Cannabich in Mannheim

Auf der Reise nach Paris hat Mozart außerhalb Augsburg einen Kreis gefunden, in dem seine Lust zu derber Ausdrucksweise Anklang fand, ja provoziert wurde. Mozart »beichtet« dem Vater am 14. 11. 1777 aus Mannheim:
»Ich johannes Chrisostomus Amadeus Wolfgangus sigismundus Mozart giebe mich schuldig, daß ich vorgestern,

und gestern |: auch schon öfters :| erst bey der nacht um
12 uhr nach haus gekommen bin; und daß ich von 10 uhr an
bis zur benennten stund beym Canabich, in Gegenwart und
en Compagnie des Canabich, seiner gemahlin und dochter,
H: schazmeister, Raam, und Lang, oft und – – nicht
schweer, sondern ganz leichtweg gereimmet habe; und zwar
lauter Sauereyen, nemmlich, vom Dreck, scheissen, und
arschlecken,
und zwar mit gedancken, worten und – – aber nicht mit
wercken. ich hätte mich aber nicht so gottloß aufgeführt,
wenn nicht die Rädl-führerin, nemlich die sogenante lisel
|: Elisabetha Cannabich :| mich gar so sehr darzu animiret
und aufgehezt hätte; und ich muß bekennen
daß ich ordentlich freüde daran hatte.«
Diese eindeutige Äußerung Mozarts betrifft zwar speziell
die Unterhaltungen bei der Familie Cannabich, darf jedoch
auf die inhaltlich ähnlichen Passagen der Bäsle-Briefe bezogen werden.
Auch später, in Wien, fand Mozart im engeren Freundeskreis Personen, bei denen seine – heute als derb empfundene
– Ausdrucksweise keinen Anstoß erregte, denen derartige,
auch in der Literatur (Blumauer, Ayrenhoff) gebrauchten
Wendungen geläufig waren. Über die von ihm verfaßten
»anstößigen« Texte einiger Kanons werden seine Freunde
jedenfalls nur hellauf gelacht haben. Zu ihnen gehörte der
Tenorist Johann Nepomuk Peyerl, den Mozart in KV 559
(›Difficile lectu mihi Mars‹) wegen seines Stotterns verulkte
und in KV 559a als »O du eselhafter Peierl« apostrophierte
und mehrmals zum »Arschlecken« aufforderte. Ziel von
Mozarts harmlos gemeinten Neckereien und mitunter derben Scherzen war auch Franz Xaver Süßmayr. Mozart hängt
ihm Scherznamen an (»Snai«, »lacci bacci«, »Sauermayer«),
vergleicht ihn mit einem »Ochsen«, nennt ihn einen »Dalke-
ten buben«, übermittelt ihm durch Constanze »tausend
Ohrfeigen«, »ein paar gute Nasenstüber, und einen braven

Schopfbeitler«, aber auch »einen Arsch voll Complimente« und läßt ihm ausrichten, »soll mich im Arsch lecken«. In der scherzhaften Variante seines Briefes vom 12. 7. 1791 an Anton Stoll, die er mit »Scheishäusel den 12 Juli« datiert, unterzeichnet sich Mozart als »ächter freund franz Süssmayer Scheisdreck«.

Constanze, die so sehr auf die Wahrung eigenen Ansehens bedacht war und, wie es scheint, alle Briefe Dritter, insbesondere Leopold Mozarts, die ihr auch nur im geringsten nachteilig sein konnten, verschwinden ließ, hatte die Bäsle-Briefe, obwohl sie ihrer Meinung nach nicht geeignet waren, »ganz gedrukt zu werden«, nicht als dem »Ruhm und der Achtung« Mozarts abträglich empfunden. Sonst hätte sie die Bäsle-Briefe wohl kaum aus der Hand gegeben, hätte sie nicht dem Verlag Breitkopf & Härtel zur Verfügung gestellt und sie sogar, was noch bemerkenswerter ist, noch zu Lebzeiten den Söhnen Mozarts übergeben. Carl Thomas freilich beabsichtigte, von der Prüderie des 19. Jahrhunderts beeinflußt, sie zu vernichten.

Deutungsversuche (Caroline Pichler, Joseph Lange, Karl Hammer)

Mozarts Bäsle-Briefe sind des öfteren Gegenstand von Erörterungen in der Literatur gewesen. Daß zu den in diesen Briefen vorkommenden »anstößigen« Stellen Parallelen in anderen Briefen Mozarts selbst, seiner Familie und aus dem Freundeskreis existieren, wurde dabei nicht erkannt, ignoriert oder verschwiegen. Lediglich im Vorwort der englischen Brief-Ausgabe von Emily Anderson wird auf die Existenz solcher Parallelen hingewiesen.

Auch durch Äußerungen von Zeitgenossen ist Mozarts zeitweilig ungenierter Umgangston bezeugt:

Caroline Pichler berichtet in ihren ›Denkwürdigkeiten aus meinem Leben‹ (1844): »Mozart und Haydn, die ich wohl kannte, waren Menschen, in deren persönlichem Umgange sich durchaus keinerlei Art von Geistesbildung, von wissenschaftlicher oder höherer Richtung zeigte. Alltägliche Sinnesart, platte Scherze, und bei dem ersten ein leichtsinniges Leben, war alles, wodurch sie sich im Umgange kundgaben.« Einem 1843 erschienenen Zeitungsartikel (nicht in den ›Denkwürdigkeiten‹!) zufolge soll die Pichler außerdem folgendes erzählt haben: »Als ich einst am Flügel sass, und das ›Non più andrai‹ aus ›Figaro‹ spielte, trat Mozart, der sich gerade bei uns befand, hinter mich, und ich mußte es ihm wohl Recht machen, denn er brummte die Melodie mit und schlug den Tact auf meine Schultern; plötzlich aber rückte er sich einen Stuhl heran, setzte sich, hieß mich im Basse fortspielen und begann so wunderschön aus dem Stegreife zu variieren, daß Alles mit angehaltenem Atem den Tönen des deutschen Orpheus lauschte. Auf einmal aber ward ihm das Ding zuwider, er fuhr auf und begann in seiner närrischen Laune, wie er es öfters machte, über Tisch und Sessel zu springen, wie eine Katze zu miauen, und wie ein ausgelassener Junge Purzelbäume zu schlagen.« Das scheint denn doch wenig glaubhaft.

Mozarts Schwager Joseph Lange berichtet in seiner Selbstbiographie (1808), Mozart habe, insbesondere wenn er mit einem wichtigen Werk beschäftigt war, »mitunter Späße einer Art gemacht, die man an ihm nicht gewohnt war. . . . Entweder verbarg er . . . seine innere Anstrengung unter äußerer Frivolität; oder er gefiel sich darin, die göttlichen Ideen seiner Musik mit den Einfällen platter Alltäglichkeit in scharfen Kontrast zu bringen.«

Die bisherigen Erklärungsversuche, wie sie im Ansatz bereits in der Äußerung Langes vorliegen und wie sie bis in die neuere Zeit von unterschiedlichen Standorten aus unternommen worden sind, können nicht befriedigen. Karl Hammer z. B. versucht, die Tatsache, daß Mozart »Dinge ausgesprochen hat in seinen Briefen an das ›Bäsle‹, die gebildete Leute unausgesprochen lassen«, durch »jene eigentümliche Reinheit . . ., die sich ums Ganze schlingt bei Mozart«, zu erklären: »Das Wesen dieses Menschen war rein. Darum konnte er das Unreine nur abstoßen – abstoßen ohne besonderen Ekel und moralischen Abscheu davor, abstoßen dafür mit Humor und Spaß, aber doch von sich weisen.« »Diese gelegentlichen Launen« – sind es wirklich solche? – äußerten sich nach Hammers Meinung »als die augenblickliche psychologische Reaktion auf irgendeine Enttäuschung« und seien »als purgierendes Ventil« zu nehmen.

Mozart mag gelegentlich seinen Unmut durch eine derbe Äußerung abreagiert haben; ein solcher Fall ist im Brief vom 16. 10. 1777 im Zusammenhang mit dem »affront« in Augsburg erwähnt. Aber mit der »Reaktions-Theorie« kann man nicht den Gebrauch heute, aber nicht damals als »unanständig« empfundener Worte und Redensarten generell erklären, insbesondere dann nicht, wenn, wie z. B. bei den Kanons, überhaupt kein Anlaß, kein Vorgang vorhanden ist, auf den »reagiert«, wenn nichts »Unreines« vorgegeben ist, das »abgestoßen« werden muß. Genausowenig kann man die von Mozart selbst einbekannte »freüde« an jenen »unanständigen« Unterhaltungen bei der Familie Cannabich durch »jene eigentümliche Reinheit« seines Wesens deuten.

Ausdrücklich sei festgestellt, daß die »unanständigen« Ausdrücke und Wendungen, die Mozart in den Briefen an das Bäsle und genauso an andere Personen aus dem Familien- und Freundeskreis gebrauchte, keineswegs, wie immer wieder (aus Unkenntnis oder aus böswilliger Absicht?) behauptet wird, dem pornographischen Bereich, sondern der sogenannten Fäkalkomik angehören.

Einer »Entschuldigung« oder »Verteidigung« wegen der umgangssprachlichen, seiner Zeit geläufigen Verwendung derb-kräftiger Worte und Wendungen bedarf Mozart nicht, auch nicht jenen gegenüber, die ihn als nicht zu den

»gebildeten Leuten« gehörig betrachten, weil er »Dinge ausgesprochen hat in seinen Briefen an das ›Bäsle‹, die gebildete Leute unausgesprochen lassen«. Wer in gewissen Wendungen »Unanständiges« sieht und diese als Makel hinstellt, der dokumentiert nur seine Unkenntnis der Sprachgewohnheit einer versunkenen Epoche und seine Unkenntnis, daß früher selbstverständliche Worte im Wandel der Zeit eine abträgliche Bedeutung bekommen haben.

Die vorstehende Untersuchung der Bäsle-Briefe hinsichtlich ihrer »anstößigen« Diktion beschränkt sich bewußt auf einen Vergleich mit anderen Briefen aus dem Familien- und Freundeskreis der Mozarts. Nur gelegentlich wurde auf ähnlichen Sprachgebrauch in der Literatur der Zeit verwiesen. Eine sich auch auf diese erstreckende Untersuchung kann sicherlich eine Fülle von Wendungen gleichen »Stils« zu Tage fördern.

Mozarts Bäsle-Briefe

Die Nummern in Klammern beziehen sich auf die im Literatur-Verzeichnis (S. 128) genannte Gesamtausgabe ›Mozart. Briefe und Aufzeichnungen‹.

Daten und Ereignisse
1777

11.–26. 10.	Maria Anna und Wolfgang in Augsburg
30. 10.	Ankunft in Mannheim
31. 10.	Briefe an Leopold (Nr. 360) und Maria Anna Thekla (Nr. 361)
4. 11.	Brief an Leopold (Nr. 363)
6. 11.	Brief an Maria Anna Thekla (Nr. 364)
13. 11.	Briefe an Leopold (Nr. 370) und Maria Anna Thekla (Nr. 371)
14. 11.	Brief an Leopold über Unterhaltungen bei der Familie Cannabich (Nr. 373/Zeile 13 ff.)
3. 12.	Briefe an Leopold (Nr. 383) und Maria Anna Thekla (Nr. 384)
20. 12.	Brief-Gedicht an Rosalie Joly und Nannerl Mozart (Nr. 394/Zeile 64 ff.)
1778	
17. 1.	Erste Erwähnung der »Weberischen« im Brief an Leopold (Nr. 405/Zeile 27 ff.)
31. 1.	Versbrief an Mutter Maria Anna aus Worms (Nr. 412)
28. 2.	Briefe an Leopold (Nr. 431) und Maria Anna Thekla (Nr. 432)
14. 3.	Abreise von Mannheim
23. 3.	Ankunft in Paris
26. 9.	Abreise von Paris
13. 12.	Ankunft in Kaisheim

23. 12.	Brief an Maria Anna Thekla
	aus Kaisheim (Nr. 511)
25. 12.	Ankunft in München

1779

8. 1.	Maria Anna Thekla in München
Mitte Januar	Wolfgang und Maria Anna Thekla
	nach Salzburg

1780

24. 4.	Brief an Maria Anna Thekla
	aus Salzburg (Nr. 531)
10. 5.	Brief an Maria Anna Thekla
	aus Salzburg (Nr. 525 ; dort
	irrtümlich datiert : 10. 5. 1779)

1781

7.–10. 3.	Leopold, Nannerl und Wolfgang
	in Augsburg
16. 3.	Wolfgangs Ankunft in Wien
23. 10.	Brief an Maria Anna Thekla
	aus Wien (Nr. 635)

1 (361)   [Mannheim, den 31. 10. 1777]
Das ist curiös! ich soll etwas gescheutes schreiben und mir
fällt nichts gescheides ein. Vergessen Sie nicht den Herrn
Dechant zu ermahnen, damit er mir die Musicalien bald
schickt. Vergessen Sie Ihr Versprechen nicht; ich vergesse
gewiß auch nicht. Wie haben Sie doch zweifeln können, mit
nächstem werde ich Ihnen einen gantz französischen Brief
schreiben, und den können Sie sich alsdenn von Herrn
Forstmeister verdeutschen lassen; ich hoffe Sie werden
schon zu lernen angefangen haben? ietzt ist der Platz zu
klein noch mehr gescheides herzubringen, und immer was
gescheides macht Kopfweh; es ist ja ohnehin mein Brief voll
gescheider und gelehrter Sachen, wenn Sie ihn schon gelesen
haben, so werden Sie es gestehen müssen und haben Sie ihn
noch nicht gelesen, so bitte ich Sie lesen Sie ihn bald, Sie
werden viel Nutzen daraus ziehen, Sie werden bei einigen
Zeilen bittere Zähren vergießen.

                        [Mannheim, den 5. 11. 1777]
2 (364) Allerreliebstes bäsle häsle!
Ich habe dero mir so werthes schreiben richtig erhalten
falten, und daraus ersehen drehen, daß der H : vetter retter,
die fr : baaß has, und sie wie, recht wohl auf sind hind; wir
sind auch gott lob und danck recht gesund hund. ich habe
heüt den brief schief, von meinem Papa haha, auch richtig in
meine klauen bekommen strommen. Ich hoffe sie werden
auch meinen brief trief, welchen ich ihnen aus Mannheim
geschrieben, erhalten haben schaben. desto besser, besser
desto! Nun aber etwas gescheüdes.
mir ist sehr leid, daß der H : Prælat Salat schon wieder vom
schlag getrofen worden ist fist. doch hoffe ich, mit der hülfe
Gottes spottes, wird es von keinen folgen seyn schwein. sie
schreiben mir stier, daß sie ihr verbrechen, welches sie mir
vor meiner abreise von ogspurg voran haben, halten werden,

und das bald kalt; Nu, daß wird mich gewiß reüen. sie
schreiben noch ferners, ja, sie lassen sich heraus, sie geben
sich blos, sie lassen sich verlauten, sie machen mir zu wissen,
sie erklären sich, sie deüten mir an, sie benachrichtigen mir,
sie machen mir kund, sie geben deütlich am tage, sie
verlangen, sie begehren, sie wünschen, sie wollen, sie mögen,
sie befehlen, daß ich ihnen auch mein Portrait schicken soll
schroll. Eh bien, ich werde es ihnen gewis schicken schlicä-
ken. Oui, par ma la foi, ich scheiss dir auf d'nasen, so, rinds
dir auf d'koi. appropós. haben sie den spuni cuni fait auch? –
– – was? – – ob sie mich noch immer lieb haben – – das glaub
ich! desto besser, besser desto! Ja, so geht es auf dieser welt,
der eine hat den beutel, der andere hat das geld; mit wem
halten sie es? – – mit mir, nicht wahr? – – das glaub ich! ietz
ists noch ärger. appropós.
möchten sie nicht bald wieder zum H: *Gold*-schmid gehen?
– –
aber was thun dort? – – was? – – nichts! – – um den Spuni
Cuni fait fragen halt, sonst weiter nichts. sonst nichts? – – –
Nu Nu; schon recht Es leben alle die, die – die – – die – – –
wie heist es weiter? – – iezt wünsch ich eine gute nacht,
scheissen sie ins beet daß es kracht; schlafens gesund,
reckens den arsch zum mund; ich gehe izt nach schlaraffen,
und thue ein wenig schlaffen. Morgen werden wir uns
gescheüt sprechen brechen. ich sage ihnen eine sache menge
zu haben, sie glauben es nicht gar können; aber hören sie
morgen es schon werden. leben sie wohl unterdessen, ach
Mein *arsch* brennt mich wie feüer! was muß das nicht
bedeüten! – – vielleicht will *dreck* heraus? – ja ja, *dreck*, ich
kenne dich, sehe dich, und schmecke dich – – und – – was ist
das? – – ists möglich! – – ihr götter! – – Mein *ohr*, betrügst
du mich nicht? – – Nein, es ist schon so – – welch langer,
trauriger ton! – – heüt den schreiben fünfte ich dieses.
gestern habe ich mit der gestrengen fr: Churfürstin gesprochen, und Morgen als den 6:ten werde ich in der grossen

galla-accademie spiellen; und dann werde ich extra in Cabinet, wie mir die fürstin-chur selbst gesagt hat, wieder spiellen. Nun was recht gescheütes!

1: es wird ein brief, oder es werden briefe an mich in ihre hände kommen, wo ich sie bitte daß – – was? – – ja, kein fuchs ist kein haaß, ja das – – Nun, wo bin ich den geblieben? – – ja recht, beym kommen; – – ja ja, sie werden kommen – – ja, wer? – wer wird kommen – – ja, izt fällts mir ein. briefe, briefe werden kommen – – aber was für briefe? – – je nu, briefe an mich halt, die bitte ich mir gewis zu schicken; ich werde ihnen schon nachricht geben wo ich von Mannheim weiters hin gehe, iezt Numero 2. ich bitte sie, warum nicht? – ich bitte sie, allerliebster fex, warum nicht? – – daß wenn sie ohnedem an die Mad: Tavernier nach München schreiben, ein Compliment von mir an die 2 Mad: ^{selles} freysinger schreiben, warum nicht? – – Curios! warum nicht? – – und die Jüngere, nämlich die frl: Josepha bitte ich halt recht um verzeyhung, warum nicht? – warum sollte ich sie nicht um verzeyhung bitten? – Curios! – ich wüste nicht warum nicht? – – ich bitte sie halt recht sehr um verzeyhung, daß ich ihr bishero die versprochene sonata noch nicht geschickt habe, aber ich werde sie, so bald es möglich ist übersenden. warum nicht? – – was – – warum nicht? – – warum soll ich sie nicht schicken? – warum soll ich sie nicht übersenden? – – warum nicht? – – Curios! ich wüste nicht warum nicht? – – Nu, also, diesen gefallen werden sie mir thun; – – warum nicht? – – warum sollen sie mirs nicht thun? – – warum nicht, Curios! ich thue ihnens ja auch, wenn sie wollen, warum nicht? – – warum solle ich es ihnen nicht thun? – – Curios! warum nicht? ich wüste nicht warum nicht? – – vergessen sie auch nicht von mir ein Compliment an Papa und Mama von die 2 frl: zu entrichten, denn das ist grob gefehlt, wenn man vatter und Mutter vergessen thut seyn müssen lassen haben. ich werde hernach wenn die Sonata fertig ist, – selbe ihnen zuschicken, und einen brief darzu; und sie werden die güte haben, selben nach München zu schicken. Nun muß ich schliessen, und das thut mich verdriessen. herr vetter, gehen wir geschwind zum hl: kreüz, und schauen wir ob noch wer auf ist? – – wir halten uns nicht auf, nichts als anleiten, sonst nichts. iezt muß ich ihnen eine trauerige geschichte erzehlen, die sich jezt den augenblick erreignet hat. wie ich an besten an dem brief schreibe, so höre ich etwas auf der gasse. ich höre auf zu schreiben – – stehe auf, gehe zum fenster – – und – höre nichts mehr – – ich seze mich wieder, fange abermahl an zu schreiben – – ich schreibe kaum 10 worte so höre ich wieder etwas – – ich stehe wieder auf – – wie ich aufstehe, so höre ich nur noch etwas ganz schwach – – aber ich schmecke so was angebrandtes – – wo ich hingehe, so stinckt es. wenn ich zum fenster hinaus sehe so verliert sich der geruch, sehe ich wieder herein, so nimmt der geruch wieder zu – – endlich sagt Meine Mama zu mir: was wette ich, du hast einen gehen lassen? – – ich glaube nicht Mama. ja ja, es ist gewis so. ich mache die Probe, thue den ersten finger im arsch, und dann zur Nase, und – – Ecce Provatum est; die Mama hatte recht. Nun leben sie recht wohl, ich küsse sie 10000mahl und bin wie allzeit der alte junge Sauschwanz

Wolfgang Amadé Rosenkranz.

von uns zwey Reisenden tausend Complimenten an H: vetter und fr: baaß.

an alle meine gute freünd heünt
Meinen gruß fus; addio fex hex.

♡ 333 bis ins grab, wen ichs leben hab.
Miehnnam ned ^{net} 5 rebotco 7771. [recte: »rebmevon«]

3 (371)   [Mannheim, den 13. 11. 1777]
iezt schreib ihr einmahl einen gescheiden brief, du kannst dessentwegen doch spass darein schreiben, aber so, dass du alle die briefe richtig erhalten hast; so darf sie sich nicht mehr sorgen, und kümmern.

Ma trés chére Niéce! Cousine! fille!
Mére, Sœur, et Epouse!

Poz Himmel Tausend sakristey, Cruaten schwere noth, teüfel, hexen, truden, kreüz-Battalion und kein End, Poz Element, luft, wasser, erd und feüer, Europa, asia, affrica und America, jesuiter, Augustiner, Benedictiner, Capuciner, minoriten, franziscaner, Dominicaner, Chartheüser, und heil: kreüzer herrn, Canonici Regulares und iregulares, und alle bärnhäüter, spizbuben, hundsfütter, Cujonen und schwänz übereinander, Eseln, büffeln, ochsen, Narrn, dalk- ken und fuxen! was ist das für eine Manier, 4 soldaten und 3 Bandelier? – – so ein Paquet und kein Portrait? – – ich war schon voll begierde – – ich glaubte gewis – – denn sie schrieben mir ja unlängst selbst, daß ich es gar bald, recht gar bald bekommen werde. Zweifeln sie vielleicht ob ich auch mein wort halten werde? – – das will ich doch nicht hoffen, daß sie daran zweifeln! Nu, ich bitte sie, schicken sie mir es, je ehender, je lieber. es wird wohl hoffentlich so seyn, wie ich es mir ausgebeten habe, nemlich in französischen aufzuge.

wie mir Mannheim gefällt? – – so gut einen ein ort ohne bääsle gefallen kan. Verzeihen sie mir meine schlechte schrift, die feder ist schon alt, ich scheisse schon wircklich bald 22 jahr aus den nemlichen loch, und ist doch noch nicht verissen! – und hab schon so oft geschissen – – und mit den Zähnen den dreck ab-bissen.

Ich hoffe auch sie werden in gegentheil, wie es auch so ist, meine briefe richtig erhalten haben. nemlich einen von hohenaltheim, und 2 von Mannheim, und dieser; wie es auch so ist, ist der dritte von Mannheim, aber im allen der 4:te, wie es auch so ist. Nun muß ich schliessen, wie es auch so ist, denn ich bin noch nicht angezogen, und wir essen iezt gleich, damit wir hernach wieder scheissen, wie es auch so ist; haben sie mich noch immer so lieb, wie ich sie, so werden wir niemahlen aufhören uns zu lieben, wenn auch der löwe rings-herum in Mauern schwebt, wenn schon des zweifels harter Sieg nicht wohl bedacht gewesen, und die tirranney der wütterer in abweg ist geschliechen, so frist doch Codrus der weis Philosophus oft roz für haber Muß, und die Römmer, die stüzen meines arsches, sind immer, sind stehts gewesen, und werden immer bleiben – – kastenfrey. Adieu, j'espére que vous aurés deja pris quelque lection dans la langue française, et je ne doute point, que – – *Ecoutés*: que vous saurés bientôt mieux le français, que moi; car il y a certainement deux ans, que je n'ai pas ecrit un môt dans cette langue. adieu cependant. je vous baise vos mains, votre visage, vos genoux et votre – – afin, tout ce que vous me permettés de baiser. je suis de tout mon cœur

         votre

Mannheim le 13 Nomv: trés affectioné Neveu et Cousin
1777   Wolfg: Amadé Mozart

4 (384) Ma très chère Cousine!   [Mannheim, 3. 12. 1777]
Bevor ich Ihnen schreibe, muß ich aufs Häusel gehen – – – ietzt ist's vorbey! ach! – – nun ist mir wieder leichter ums Herz! – jetzt ist mir ein Stein vom Herzen – nun kann ich doch wieder schmausen! – nu, nu, wenn man sich halt ausgeleert hat, ist's noch so gut leben. Ich hätte Dero Schreiben vom 25 ten Nov. richtig erhalten, wenn Sie nicht geschrieben hätten daß Sie Kopf-, Hals- und Arm-Schmerzen gehabt hätten, und daß Sie ietzt nun, dermalen, alleweil, den Augenblick keine Schmerzen mehr haben, so habe ich Dero Schreiben vom 26 ten Nov: richtig erhalten. Ja, ja, meine allerliebste Jungfer Baas, so geht es auf dieser Welt; einer hat den Beutel, der andere das Geld, mit was halten Sie es? – – mit der [Original:] ☞ nicht wahr? Hur sa sa, Kupferschmied, hals mir's Mensch, druck mir's nit, hals mir's Mensch, druck mir's nit, leck mich im Arsch, Kupferschmied, ja und das ist wahr, wers glaubt, der wird seelig, und wer's nicht glaubt, der kommt in Himmel; aber

schnurgerade und nicht so, wie ich schreibe. Sie sehen also daß ich schreiben kann, wie ich will, schön und wild, grad und krumm. Neulich war ich übels Humors, da schrieb ich schön, gerade und ernsthaft; heute bin ich gut aufgereimt, da schreib ich wild, krumm und lustig; ietzt kommts nur darauf an was Ihnen lieber ist, – – unter den beyden müssen Sie wählen, denn ich hab kein Mittel, schön oder wild, grad oder krumm, ernsthaft oder lustig, die 3 ersten Wörter oder die 3 letzten; ich erwarte Ihren Entschluß im nächsten Brief. Mein Entschluß ist gefaßt; wenn mir noth ist, so gehe ich, doch nach dem die Umstände sind wenn ich das laxiren habe, so lauf ich und wenn ich gar nicht mehr halten kann, so scheiß ich in die Hosen. Behüte dich Gott Fuß, auf dem Fenster liegt d'Hachsen. Ich bin Ihnen Euer liebten Freüllen Baas sehr verbunden für das Compliment von Euer Freüllen Freysinger, welches auszurichten Euer liebten Frl. Juliana so gütig gewesen ist. – Sie schreiben mir, ich wüßte zwar noch viel, aber zu viel ist zu viel; – in einem Briefe gebe ich es zu, daß es zu viel ist, aber nach und nach könnte man viel schreiben; verstehen Sie mich, wegen der Sonata muß man sich noch ein wenig mit Geduld bewaffnen. Wenns fürs Bäsle gehört hätte, so wäre sie schon längst fertig – – und wer weiß ob die Mad^{selle} Freysinger noch daran denkt – – ohngeacht dessen werde ich sie doch so bald möglich machen, einen Brief darzu schreiben und mein liebes Bääsle bitten, alles richtig zu übermachen. A propos seit ich von Augsburg weg bin, habe ich nicht Hosen ausgezogen; – außer des Nachts bevor ich ins Bett gehe. Was werden Sie wohl denken, daß ich noch in Mannheim bin, völlig drinn. Das macht, weil ich noch nicht abgereiset bin, nirgends hin! Doch ietzt glaub ich wird Mannheim bald abreisen. Doch kann Augsburg von Ihnen aus noch immer nach mir schreiben und den Brief an Mannheim addressiren bis auf weitere Nachricht. Der Herr Vetter, Fr: Baas und Jungfr: Baas empfiehlt sich meiner Mamma und mir. Sie waren schon in Aengsten, daß wir etwa krank wären, weil sie so lang keinen Brief von uns bekommen haben. Vorgestern sind sie endlich mit unserm Brief vom 26ten Nov. erfreuet worden und heute als den 3ten Decebr. haben Sie das Vergnügen mir zu antworten, Ich werde Ihnen also das Versprochene halten? – Nu das freut Sie. Vergessen Sie nur auch nicht München nach der Sonata zu komponiren, denn was man einmal gehalten hat, muß man auch versprechen, man muß allezeit Wort von seinem Mann seyn. – Nun aber gescheut.

Ich muß Ihnen geschwind etwas erzehlen: ich habe heute nicht zu Hause gespeist, sondern bey einem gewissen Mons. Wendling; nun müssen Sie wissen, daß der allzeit um halb 2 Uhr ißt, er ist verheyrathet und hat auch eine Tochter, die aber immer kränklich ist. Seine Frau singt auf der zukünftigen Opera, und Er spielt die Flöte. Nun stellen Sie sich vor, wie es halb 2 Uhr war, setzten wir uns alle, bis auf die Tochter welche im Bette blieb, zu Tisch und aßen.

An alle gute Freund und Freundinnen von uns beyden einen ganzen Arsch voll Empfehlungen. An Dero Eltern steht es Pag. 3 Zeile 12. Nun weiß ich nichts mehr Neues, als daß eine alte Kuh einen neuen Dreck geschißen hat; und hiermit addieu Anna Maria Schlosserin geborne Schlüsselmacherin. Leben Sie halt recht wohl und haben Sie mich immer lieb; schreiben Sie mir bald, denn es ist gar kalt; halten Sie Ihr Versprechen, sonst muß ich mich brechen. addieu, mon Dieu, ich küsse Sie tausendmal und bin knall und fall

Mannheim	Ma très chère Cousine
ohne Schleim	waren Sie nie zu Berlin?
den 3ten Decembr.	Der aufrichtige wahre Vetter
heut ist nicht Quatembr:	bei schönen und wilden Wetter
1777 zur nächtlichen Zeit	W. A. Mozart
von nun an bis in Ewigkeit	Sch: scheißen: das ist hart.
Amen.	

5 (432) Mademoiselle   [Mannheim, den 28. 2. 1778]
       ma trés chére Cousine!

sie werden vielleicht glauben oder gar meynen ich sey
gestorben! – – ich sey Crepirt? – oder verreckt? – doch
nein! meynen sie es nicht, ich bitte sie; denn gemeint und
geschissen ist zweyerley! – wie könnte ich denn so schön
schreiben wenn ich tod wäre? – wie wäre das wohl möglich?
– – – wegen meinem so langen stillschweigen will ich mich
gar nicht entschuldigen, denn sie würden mir so nichts
glauben; doch, was wahr ist, bleibt wahr! – ich habe so viell
zu thun gehabt, daß ich wohl zeit hatte, an das bäsle zu
denken, aber nicht zu schreiben, mithin hab ichs müssen
lassen bleiben.

Nun aber habe ich die Ehre, sie zu fragen, wie sie sich
befinden und sich tragen? – ob sie noch offens leibs sind? –
ob sie etwa gar haben den grind? – – ob sie mich noch ein
bischen können leiden? – ob sie öfters schreiben mit einer
kreiden? – ob sie noch dann und wan an mich gedencken? –
ob sie nicht bisweilen lust haben sich aufzuhencken? – ob sie
etwa gar bös waren! auf mich armen narrn; ob sie nicht
gutwillig wollen fried machen, oder ich lass bei meiner Ehr
einen krachen! doch sie lachen – – victoria! – – unsre arsch
sollen die friedens-zeichen seyn! – ich dachte wohl, daß sie
mir nicht länger wiederstehen könnten. ja ja, ich bin meiner
sache gewis, und sollt ich heut noch machen einen schiss,
obwohl ich in 14 Tägen geh nach Paris. wenn sie mir also
wolln antworten, aus der stadt Augsburg dorten, so schreiben sie mir baldt, damit ich den brief erhalt, sonst wenn ich
etwa schon bin weck, bekomme ich statt einen brief einen
dreck. dreck! – – dreck! – o dreck! – o süsses wort! – dreck!
– schmeck! – auch schön! – dreck, schmeck! – dreck! leck –
o charmante! – dreck, leck! – das freüet mich! – dreck,
schmeck und leck! – schmeck dreck, und leck dreck! – – Nun
um auf etwas anders zu kommen; haben sie sich diese
fasnacht schon braf lustig gemacht. in augsburg kann man

sich dermalen lustiger machen als hier. ich wollte wünschen ich wäre bey ihnen, damit ich mit ihnen recht herumspringen könnte. Meine Mama und ich, wir empfehlen uns beyde dem H : Vatter und frau Mutter, nebst dem bäsl, und hoffen das sie alle 3 recht gesund und wohlauf seyn mögen. wir sind es gott lob und danck. das glaub nicht. desto besser, besser desto. apropós : wie stehts mit der französischen sprache ? – darf ich bald einen ganz französischen brief schreiben ? – von Paris aus, nicht wahr ? – sagen sie mir doch, haben sie den spunicunifait noch ? – das glaub ich. Nun muß ich ihnen doch noch bevor ich schliesse, denn ich muß bald endigen, weil ich Eile habe, denn ich habe izt just gar nichts zu thun ; und dann auch, weil ich keinen Plaz mehr habe, wie sie sehen ; das Papier ist schon bald gar ; und müd bin ich auch schon ; die finger brennen mich ganz vor lauterschreiben ; und endlich auch wüst ich nicht, wenn auch wircklich noch Plaz wäre, was ich noch schreiben sollte, als die historie, die ich ihnen zu erzählen in sinn habe. hören sie also. es ist noch nicht lange, das es sich zugetragen hat ; es ist hier im land geschehen. es hat auch hier viell aufsehens gemacht, denn es scheint ohnmöglich ; man weis auch, unter uns gesagt, den ausgang von der sache noch nicht. also, kurz zu sagen, es war, etwa 4 stunde von hier, das ort weis ich nicht mehr – – es war halt ein dorf oder so etwas ; Nu, das ist endlich ein ding, ob es tribsterill wo der dreck ins meer rinnt, oder burmesquick wo man die krummen arschlöcher dräht, war ; mit einem wort, es war halt ein ort. da war ein hirt oder schäfer, der schon ziemlich alt war, aber doch noch robust und kräftig dabey aus-sah ; der war ledig, und gut bemittelt, und lebte recht vergnügt. ja, das muß ich ihnen noch vorher sagen, ehe ich die geschichte auserzähle, er hatte einen erschröcklichen ton, wen er sprach ; man muste sich allzeit fürchten, wenn man ihn reden hörte. Nu, um kurz von der sache zu reden, so müssen sie wissen – er hatte auch einen hund den er Bellot nannte, einen sehr schönen grossen hund, weis mit schwarzen flecken. Nu, eines tages, gieng er mit seinen schaafen daher, deren er 11 tausend unter sich hatte; da hatte er einen stock in der hand, mit einem schönen rosenfarben stockband. denn er gieng niemahlen ohne stock. das war schon so ein gebrauch; nun weiter. da er so eine gute stunde gieng, so war er müde, und sezte sich bey einen fluß nieder. Endlich schlief er ein, und da traumte ihm, er habe seine schaaf verlohren, und in diesen schrocken erwachte er, und sahe aber zu seiner grösten freüde alle seine schaafe wieder. endlich stund er auf, und gieng wieder weiter, aber nicht lang; denn es wird kaum eine halbe stunde vorbeyge-gangen seyn, so kamm er zu einer brücke, die sehr lang war, aber auf beyden seiten gut geschützt war, damit man nicht hinab fallen könne; nu, da betrachtete er seine heerde; und weil er dann hinüber muste, so fieng er an seine 11 tausend schaaf hinüber zu treiben.

Nun haben sie nur die gewogenheit, und warten bis die 11 tausend schaaf drüben sind, dann will ich ihnen die ganze histori auserzählen. ich habe ihnen vorher schon gesagt, daß man den ausgang noch nicht weis, ich hoffe aber, daß, bis ich ihnen schreibe, sie gewis darüber sind; wo nicht, so liegt mir auch nichts daran; wegen meiner hätten sie herüben bleiben können. sie müssen sich schon unterdessen so weit begnügen; was ich davon gewust habe, das hab ich geschrie-ben. und es ist besser, daß ich aufgehört habe, als wenn ich etwas dazugelogen hätte. da hätten sie mir etwa die ganze schistori nicht geglaubt, aber so – – glauben sie mir doch – die halbe nicht. nun muß ich schliessen, ob es mich schon thut verdriessen, wer anfängt muß auch aufhören, sonst thut man die leute stöhren, an alle meine freünde mein Compli-ment, und wers nicht glaubt, der soll mich lecken ohne End, von nunan bis in Ewickeit, bis ich einmahl werd wieder gescheid. da hat er gwis zu lecken lang, mir wird dabey schier selbsten bang, ich fürcht der dreck der geht mir aus, und er bekommt nicht gnug zum schmaus. Adieu bääsle. ich

bin, ich war, ich wär, ich bin gewesen, ich war gewesen, ich
wär gewesen, o wenn ich wäre, o daß ich wäre, wollte gott
ich wäre, ich wurde seyn, ich werde seyn, wenn ich seyn
würde, o das ich seyn würde, ich wurde gewesen, ich werde
gewesen seyn, o wenn ich gewesen wäre, o daß ich gewesen
wäre, wolltegott ich wäre gewesen, was? – ein stockfisch.
addieu ma chére Cousine, wohin? – ich bin der nämlich
wahre vetter

Mannheim den 28ten *feb^{ro}* 1778   Wolfgang Amadé Mozart

6 (511)   kaysersheim den 23ten : *dec.*
    Ma trés cher Cousine!   *1778.*

in gröster Eyl – und mit vollkomenster Reüe und leid, und
steifen Vorsatz schreibe ich ihnen, und gieb ihnen die
Nachricht, daß ich morgen schon nach München abreise; –
liebstes bäsle, sey kein häsle – ich wäre sehr gerne nach
augsburg das versichere ich sie, allein der H: Reichs-Prälat
hat mich nicht weg-gelassen, und ich kann ihn nicht hassen,
denn das wäre wieder das gesez gottes und der Natur, und
wers nicht glaubt ist eine h-r; mithin ist es halt einmal so, –
vielleicht komme ich von münchen auf einen sprung nach
augsburg; allein es ist nicht so sicher; – wenn sie so viell
freüd haben mich zu sehen wie ich ihnen, so kommen sie
nach München in die werthe stadt – schauen sie daß sie vorm
Neüen jahr noch drinn sind, so will ich sie dann betrachten
vorn und hind – will sie überall herum führen, auch wenns
nothwendig ist kristiren – doch nur eines ist mir leid, daß ich
sie nicht kann logiren: weil ich in keinen wirthshaus bin,
sondern wohne bey – ja wo? – das möcht ich wissen; – Nun
spassssss à part – just dessentwegen ist es für mich sehr
nothwendig daß sie kommen – sie werden vielleicht eine
grosse Rolle zu spiellen bekommen – also kommen sie
gewis, sonst ist ein schys; ich werde alsdan in eigner
hoherperson ihnen Complimentiren, ihnen den arsch Petschieren, ihre hände küssen, mit der hintern büchse schies-

120

sen, ihnen Embrassiren, sie hinten und vorn kristiren, ihnen, was ich ihnen etwa alles schuldig bin, haarklein bezahlen, und einen wackeren furz lassen erschallen, und vielleicht auch etwas lassen fallen – Nun
adieu – mein Engel mein herz
     ich warte auf sie mit schmerz
schreiben sie mir nur gleich nach München *Poste restante*
ein kleines briefchen von 24 bögen, aber
schreiben sie nicht hinein wo sie logiren werden,
damit ich sie, und sie mich nicht finden ; –
P :S : Scheis – dibitari der pfarer zu Rodempl
hat sein köchin im arsch geleckt, ein andern zum Exempl ;
    Vivat – vivat –   votre sincere Co[usin]
                                        W. A. [Mozart]

7 (531)   Salzburg, le 24 d'avril
    Ma très chère Cousine !   1780
Sie haben meinen letzten Brief so schön beantwortet, daß ich nicht weis wo ich Worte hernehmen soll, ihnen dafür meine Dankbezeugung genug zu bezeugen, und Sie zugleich neuer- dings zu versichern, wie sehr ich seye
              Dero gehorsamster Diener und
                aufrichtiger Vetter
      WOLFGANG AMADÈ MOZART
Ich wollte gerne mehr schreiben, allein der Raum wie Sie sehen

        ist
        zu   adieu adieu
        klein

Nun aber Spaß und Ernst ; Sie müssen mir schon für diesmal verzeihen, daß ich ihren allerliebsten Brief nicht so wie er es verdiente, von Wort zu Worte beantworte, und erlauben, daß ich nur das nothwendigste schreiben darf ; nächstens werde ich meinen Fehler nach möglichkeit zu verbessern suchen – Es sind nun 14 Täge, daß ich Mr Böhm geantwortet habe – mir liegt nur daran zu wissen, ob mein Schreiben nicht zu Verlust gegangen, welches mir sehr leid wäre – denn sonst weiß ich nur gar zu gut, daß Mr Böhm alle Täge nur zu sehr occupirt ist – dem sey wie ihm wolle, so bitte ich Sie in jedem Fall mein lieber Knall, Tausend Komplimente zu machen – und ich warte nur auf einen Wink von ihm, so ist die Aria aldort fertig. –

Ich hab gehört. daß Murschhauser seye auch krank; ist das wahr? – das wäre nicht gut für Mr Böhm. – Nun beste werden Sie wohl alle Tage, auch bey Sturm und Hagel, das Theater fleißig besuchen, weil Sie Entrée frey sind? – Neues weis ich ihnen nichts zu schreiben, als daß leider Joseph Hagenauer |: bei welchem sie, meine Schwester und ich im Erker-stübel Choccolate getrunken :| gestorben ist. – ein grosser Verlust für seinen Vatter – sein Bruder Johannes |: der verheurathete :| welcher, weil er sich auf seinen seligen bruder gänzlich verlassen konnte, das Faulenzen so ziemlich gewohnt war, muß nun recht daran, welches ihm ein bischen sauer ankömmt. –

Nun, meine liebste, beste, schönste, artigste, und liebenswürdigste – bald geschrieben! – das bitte ich mir aus, alle Neuigkeit in und aus dem Hause – an alle die Leute, welchen Sie Komplimente geschrieben, wieder doppelt, so viele – Adieu – Nächstens einen ganzen Bogen; doch – vorher von ihnen, mein Schatz, ein ganzes Buch voll – adieu Von meinem Vatter Papa und meiner Schwester zizibe, alles erdenkliche – an dero Aeltern und uns 3^{en}, 2 Buben und ein Madl, 12345678987654321 Empfehlungen, und an alle gute freunde von mir allein 624, von meinem Vatter 100 und von Schwester 150 zusammen 1774 und summa summarum
                    12345678987656095 Complimente.

De Salsbourg / a Mademoiselle /Mademoiselle Marie /
Anne de Mozart ph: / a / *Augsbourg* /*In Schwaben.* /
Abzugeben in der / *Jesuiten Gassen* /*Par Munic*

[Salzburg, den 10.5.1780]

liebstes, bestes,	Salsbourg den 10ten May
schönstes, liebenswürdigstes,	1709ni
reizendstes,	blass mir hint' aini.
von einem unwürdigen Vetter	– : –
in Harnisch gebrachtes	gut ists
bässchen.	wohl bekomms.
oder	
Violoncellchen! –	

Ob ich Joannes Chrisostomus Sigismundus Amadeus Wolfgangus Mozartus wohl im stande seyn werde, den ihre
reizende schönheit |: visibilia und invisibilia :| gewis um
einen guten Pantofel–absatz erhöhenden Zorn zu stillen,
mildern, oder zu besänftigen, ist eine frage die ich aber auch
beantworten will: – besänftigen will so viel sagen, als
Jemand in einer sänfte sanft tragen – ich bin von natur aus
sehr sanft, und einen senf esse ich auch gern, besonders zu
dem Rindfleisch – mithin ist es schon richtig mit leipzig:
obwohl der M:^{r} feigelrapèe durchaus behaupten oder vielmehr beköpfen will, daß aus der Pastette nichts werden soll
– und das kann ich Ja ohnmöglich glauben – es wäre auch
nicht der mühe werth daß man sich darum bückte – Ja wenn
es ein beutel voll Conventions-kreutzer wäre – da könnte
man so was endlich aufklauben, heben, oder langen. – drum,
wie ich gesagt habe, ich könnt es nicht anders geben, das ist
der Nächste Preis – handeln lass ich nicht, weil ich kein
Weibsbild bin; und hiemit Holla! Ja mein liebes violoncell-
chen! so geht und steht es auf der Welt, einer hat den beutel,
und der andere hat das geld, und wer beydes nicht hat, hat
nichts, und nichts ist so viel als sehr wenig, und wenig ist
nicht viel, folglich ist nichts immer weniger als wenig, und

wenig immer mehr als nicht viel, und viel immer mehr als wenig, und – so ist es, so war es, und so wird es seyn. mach ein End dem brief, schliess ihn zu, und schick ihn fort an ort und End – *feigele:*

dero gehorsamster unterthänigster diener

mein arsch ist kein Wiener

Latus hinüber V : S : P : S : Ist die Böhmische trup schon weck – sagen sie mirs, meine Beste, ich bitte sie um Himmelswillen! ach! – – – Sie wird nun in ulm seyn, nicht wahr? O, überzeugen sie mich dessen, ich beschwöre sie bey allem was heilig ist – die götter wissen es, daß ich es aufrichtig meine lebt's thüremichele noch? –

blass mir in ins loch.

Wie hat sich Vogt mit seiner frau vertragen? –

haben sie sich einander nicht schon gekriegt beym kragen?

lauter fragen.

Eine zärtliche Ode! –

Dein süsses Bild, O Bäschen,

schwebt stets um meinen Blick

allein in trüben Zähren

daß du – – es selbst nicht bist.

Ich sehe es wenn [d]er abend

mir dämmert, wen der Mond

mir glänzt, seh ichs und – weine

daß du – – es selbst nicht bist.

Bey Jenen Thales Blumen

die ich ihr leesen will,

bey Jenen Myrtenzweigen

die ich ihr flechten will

beschwör ich dich Erscheinung

auf, und verwandle dich

Verwandle dich, Erscheinung

und werd – O Bääs'chen selbst.

finis coronat opus, Edler v: *Sauschwanz.*

[Folgt Mozarts Bäsle-»Porträt«; siehe Umschlag und S. 93]

Meine und unser aller Empfehlung an ihren herrn hervorbringer und fr : hervorbringer – Nemlich an den der sich die
Mühe gegeben hat, ihnen zu machen, und an diejenige die
sichs hat thun lassen. Adieu – Adieu – Engel.
Mein Vatter giebt ihnen seinen Oncklischen Seegen. und
meine schwester giebt ihnen tausend Cousinische küsse. und
der Vetter giebt ihnen das was er ihnen nicht geben darf.

Adieu – Adieu – Engel.

Mit Nächster Ordinaire werde mehr schreiben und zwar
was recht Vernünftiges, und Nothwendiges und bey diesem
hat es sein verbleiben, bis auf weiter ordre. Adieu – Adieu –
Engel –

9 (635)

à / Mademoiselle / Mademoiselle Marieanne / Mozart /
à / Augsburg / in der Jesuitengasse

Ma très chère Cousine!   [Wien, den 23. 10. 1781]
Ich war schon die ganze Zeit her auf einem Brief von ihnen,
liebste Baase, begierig ; – wie der ausfallen wird ! – und wie
ich mir ihn eingebildet, so war er auch. – Denn nachdemme
ich einmal 3 Monathe vorbeygehen lassen, so hätte ich nicht
mehr geschrieben – und wenn der scharfrichter mit blossem
schwerdt hinter mir gewesen wäre ; – denn ich hätte Ja nicht
gewust : wie, wann, wo, warum, und was ? – ich musste
nothwendigerweise auf einen brief warten. –
Es sind unterdessen, wie sie wohl wissen werden, vielle
wichtige sachen mit mir vorgegangen, wobey ich nicht
wenig zu denken, und vielle verdrüsslichkeiten, ärgernüss,
kummer und Sorge hatte, welches mir auch in der that zu
einer entschuldigung meines langen Stillschweigenswegen
dienen kann ; – was sonst das übrige alles anbelangt, so muß
ich ihnen sagen daß das geschwätze was die Leute von mir
herumlaufen zu lassen beliebten, zum theil wahr, und zum
theil – falsch ist ; – mehr kann ich zur Zeit nicht sagen ; nur

noch zu ihrer beruhigung, daß ich nichts – ohne ursache – und zwar – ohne gegründete ursache thue. – wenn sie mehr Freundschaft und Vertrauen zu mir gezeigt hätten, und sich gerade an mich / : und nicht an andere – und zwar ! – :/ doch stille ! – wenn sie sich gerade an mich gewendet hätten, so wüssten sie gewis mehr, als alle Leute – und wenn es möglich wäre, mehr als – ich selbst ! – Doch – Nun daß ich nicht vergesse – haben sie doch die güte, liebste, beste baase, und überbringen sie sogleich selbst das beyliegende schreiben dem H : Stein ; – und bitten sie ihm, er möchte mir doch gleich darauf antworten –, oder wenigstens ihnen sagen, was sie mir darüber schreiben sollen ; – denn ich hoffe, daß unsere Correspondence liebes bääsle, nun erst recht angehen soll ! – wenn ihnen nur die briefe nicht so theuer zu stehen kömmen ! – wenn sie mich, wie ich hoffe, mit einer antwort beehren wollen, so haben sie nur die gewogenheit den Brief wie lezthin – nemlich *auf dem Peter, im auge Gottes, im 2:ten Stock* zu adreßiren ; ich wohne zwar nicht mehr dort, allein auf der Post ist die adreße schon so bekannt, daß wenn ein brief gerade an meine logis gewiesen ist, ich selben einem tag oder ein paar täge später erhalte. – Nun leben sie wohl, liebste, beste baase ! und erhalten sie mich in ihrer mir so schätzbaren Freundschaft ; der meinigen sind sie ganz versichert ; ich bleibe Ewig

Ma trés chere Cousine
ihr aufrichtigster Vetter ud Frd
Wolfgang Amadè Mozart

P : S : Meine Empfehlung / an dero H. Vatter und / Fr : Mutter, wie auch / frl. Juliane.

Die Mad^{me} Weber Empfehlt sich Ihnen sammt ihren 3 Töchtern, und bittet Sie um eine gefälligkeit. – Herr Bartholomei, Buchhändler |: den Sie ohne Zweifel kennen werden:| hat das Portrait der Aloise dermaligen Lange begehrt um es stechen zu lassen ; nun wird es schon auf künftigen März 2 Jahre, daß weder von dem Portrait noch davoriger Bezahlung eine Meldung geschieht; – und den vergangenen März war es schon wieder zurückversprochen. – Die Mad^me Weber ersucht Sie also sich ein wenig darum zu erkundigen, indem sie gern wissen möchte, wie sie dran ist. – *NB.* es ist das nemlich Portrait, welches in München der Baron Götz gehabt hat. – ich glaube sie haben es auch gesehen. – also sehr schlecht von ihm, daß er es ohne etwas davon zu wissen zu machen, in fremde Hände giebt. – Adieu ma chère, schreiben Sie mir bald. –

Vienne le 23 d'octobre 1781

Literatur

Die (in der Original-Schreibweise abgedruckten) Brief-Zitate und vollständigen Brief-Texte (S. 109 ff.) wurden entnommen:

Mozart. Briefe und Aufzeichnungen, Gesamtausgabe. Herausgegeben von der Internationalen Stiftung Mozarteum Salzburg. Gesammelt von Wilhelm A. Bauer und Otto Erich Deutsch. Auf Grund deren Vorarbeiten erläutert von Joseph Heinz Eibl. 4 Textbände, 2 Kommentarbände, 1 Registerband, Kassel etc. 1962 ff.

Abert, Hermann, W. A. Mozart, Leipzig [7]/1956

Blümml, Emil Karl, Aus Mozarts Freundes– und Familienkreis, Wien 1923

Ghéon, Henri, Auf den Spuren Mozarts, Graz etc. 1955

Hammer , Karl, W. A. Mozart – eine theologische Deutung, Zürich 1964

Hildesheimer, Wolfgang, Mozart, Frankfurt 1977

Jahn, Otto, W. A. Mozart, Leipzig [1]/1856–1859

Kühn, Arnold, Komik, Humor und Musikalität in Mozarts Bäslebriefen, in: Neues Augsburger Mozartbuch (Zeitschrift des Historischen Vereins für Schwaben, 62./63. Band, Augsburg 1962)

Letters of Mozart and his family. Translated and edited by Emily Anderson. Second edition prepared by A. Hyatt King and Monica Carolan, London 1966

Mozart. Chronik eines Lebens. Zusammengestellt von Joseph Heinz Eibl, Kassel etc. und München [2]/1977

Mozart und seine Welt in zeitgenössischen Bildern. Begründet von Maximilian Zenger. Vorgelegt von Otto Erich Deutsch (›Neue Mozart-Ausgabe‹ X/32), Kassel etc. 1961

Mozart. Die Dokumente seines Lebens. Gesammelt und erläutert von Otto Erich Deutsch (›Neue Mozart-Ausgabe‹ X/34), Kassel etc. 1961. Dazu: Addenda und Corrigenda, zusammengestellt von Joseph Heinz Eibl (›Neue Mozart-Ausgabe‹ X/31/1), Kassel etc. 1978

Moser, Hans Joachim, Geschichte der deutschen Musik, Stuttgart 1920–1924

Nissen, Georg Nikolaus, Biographie W. A. Mozarts. Mit einem Vorwort von Rudolph Angermüller (2. unveränderter Nachdruck der Ausgabe Leipzig 1828), Hildesheim–New York 1972

Nottebohm, Gustav, Mozartiana. Von Mozart herrührende und ihn betreffende, zum großen Theil noch nicht veröffentlichte Schriftstücke, Leipzig 1880

Paumgartner, Bernhard, Mozart, Berlin-Zürich 1940

Pezzl, Johann, Reise durch den Baierschen Kreis. 1784, Faksimile-Ausgabe München 1973

Riesbeck, Johann Kaspar, Briefe eines reisenden Franzosen über Deutschland an seinen Bruder zu Paris, ^{2}/1784

Schenk, Erich, Wolfgang Amadeus Mozart, Wien-München ^{2}/1975

Schiedermair Ludwig, Die Briefe W. A. Mozarts und seiner Familie. Erste kritische Gesamtausgabe, Leipzig 1914

ders., Mozart. Sein Leben und seine Werke, Bonn 1948

Schmeller, Johann Andreas, Bayerisches Wörterbuch, bearbeitet von G. K. Frommann, Leipzig 1939

Schmid, Ernst Fritz, Ein schwäbisches Mozartbuch, Lorch-Stuttgart 1948

Speyer, Edward, Wilhelm Speyer der Liederkomponist /1790–1878/ Sein Leben und Verkehr mit seinen Zeitgenossen, München 1925

Spohr, Wilhelm, Mozart. Leben und Werk, Berlin (o. J.)

Valentin, Erich, Hans Pfitzner. Werk und Gestalt eines Deutschen, Regensburg 1939

ders., Mozart. Wesen und Wandlung, Salzburg 1953

Wegele, Ludwig, Der Lebenslauf der Marianne Thekla Mozart, Augsburg 1967

Wolfgang Amadeus Mozart
bei dtv/Bärenreiter

Mozart Dokumente seines Lebens
Herausgegeben von Otto Erich Deutsch und Joseph Heinz Eibl

dtv dokumente

Chronologisch geord-
nete Lebenszeugnisse.
Herausgegeben von
Otto Erich Deutsch und
Joseph Heinz Eibl.
dtv 2927 / BVK 2927

Wolfgang Amadeus Mozart Chronik eines Lebens

dtv/Bärenreiter

Eine tagebuchartige
Beschreibung von
Mozarts Lebensweg und
seiner künstlerischen
Entwicklung.
dtv 11254 / BVK 562

H.C. Robbins Landon: 1791 Mozarts letztes Jahr

dtv/Bärenreiter

H.C. Robbins Landon
räumt auf mit den Mysti-
fizierungen und Spekula-
tionen über Mozarts
frühen Tod.
dtv 11358 / BVK 1012

Ivan Nagel: Autonomie und Gnade
Über Mozarts Opern

dtv/Bärenreiter

Ein konzentrierter
Essay über Mozarts
Opern und ihre
Entstehungszeit.
dtv 11359 / BVK 1011

Mozarts Bäsle-Briefe

dtv/Bärenreiter

Die berühmt-berüchtig-
ten Briefe des jungen
Mozart an seine Cousine
Maria Anna Thekla.
dtv 4323 / BVK 4323

Ulrich Dibelius: Mozart-Aspekte

dtv/Bärenreiter

Eine unkonventionelle,
der heutigen Zeit ent-
sprechende Begegnung
mit Leben und Werk
Mozarts.
dtv 11357 / BVK 1013

Über Musik und Musiker bei dtv/ Bärenreiter

Yehudi Menuhin:
Unvollendete
Reise
Lebenserinnerungen

dtv/Bärenreiter
Biographie

Dietrich Fischer-Dieskau:
Robert Schumann
Wort und Musik
Das Vokalwerk

dtv/Bärenreiter

Burton Bernstein:
Die Bernsteins
dtv 11097 / BVK 946

Walter Blankenburg:
Einführung in Bachs
h-moll-Messe BWV 232
dtv 4394 / BVK 4394

Carl Dahlhaus:
Wagners Konzeption
des musikalischen
Dramas
dtv 4538 / BVK 4538

Alfred Dürr:
Die Kantaten von
Johann Sebastian Bach
dtv 4431 / BVK 4431

Alfred Dürr:
Die Johannes-Passion
von Johann Sebastian
Bach
Entstehung,
Überlieferung,
Werkeinführung
dtv 4476 / BVK 4476

Dietrich
Fischer-Dieskau:
Robert Schumann
Das Vokalwerk
dtv 10423 / BVK 755
Nachklang
Ansichten und
Erinnerungen
dtv 11257 / BVK 987

Hermann Keller:
Das Wohltemperierte
Klavier von Johann
Sebastian Bach
Werk und Wiedergabe
dtv 4373 / BVK 4373

Yehudi Menuhin:
Unvollendete Reise
Lebenserinnerungen
dtv 1486 / BVK 1486

Gerald Moore:
Bin ich zu laut?
Erinnerungen
dtv 1217 / BVK 1217

Gerald Moore:
Abschiedskonzert
Weitere Erinnerungen
dtv 1763 / BVK 1763

Gregor Piatigorsky:
Mein Cello und ich
und unsere Begegnungen
dtv 1080

Richard Wagner:
Die Musikdramen
dtv klassik 2085

Richard Wagner:
Ein deutscher Musiker
in Paris
Novellen und Aufsätze
von 1840/41
dtv klassik 2215

dtv junior

Karla Höcker:

Franz Schubert in
seiner Welt
dtv 79019

Das Leben des
Wolfgang Amadé Mozart
dtv 79011

Clara Schumann
dtv 79015

Carl Maria von Weber
Schöpfer der
Romantischen Oper
dtv 79027

Alles, was man über Musik wissen kann: MGG – die große Enzyklopädie der Musik in 17 Dünndruck-Bänden

Die Musik in Geschichte und Gegenwart Allgemeine Enzyklopädie der Musik

Herausgegeben von Friedrich Blume

17 Dünndruck-Bände (Format 16,8 x 24 cm) mit insgesamt 18168 Seiten (rund 32000 Spalten), 12 288 Schlagwörter, 1396 Tafeln, 5866 Abbildungen im Text, 1870 Notenbeispiele, 106 Notentafeln und 281 Tabellen im Text, Register mit 300 000 Stichwörtern.

Diese Enzyklopädie vereinigt den Inhalt einer großen Musikgeschichte der Welt mit den Biographien aller bedeutenden Musiker von der Antike bis zur Gegenwart.

dtv/BVK 5913/DM **980,–**

Musik
zum
Anschauen

dtv-Atlas zur Musik
von Ulrich Michels
Tafeln und Texte
2 Bände
Originalausgabe

Band 1:
Systematischer Teil
Historischer Teil: Von den
Anfängen bis zur Renaissance
Mit 120 Farbtafeln

Band 2:
Historischer Teil: Vom Barock
bis zur Gegenwart
Mit 130 Farbtafeln

dtv/Bärenreiter 3022/3023

Das Programm im Überblick

Das literarische Programm
Romane, Erzählungen, Anthologien

dtv großdruck
Literatur, Unterhaltung und Sachbücher in großer Schrift zum bequemeren Lesen

Unterhaltung
Heiteres, Satiren, Witze, Stilblüten, Cartoons, Denkspiele

dtv zweisprachig
Klassische und moderne fremdsprachige Literatur mit deutscher Übersetzung im Paralleldruck

dtv klassik
Klassische Literatur, Philosophie, Wissenschaft

dtv sachbuch
Geschichte, Zeitgeschichte, Gesellschaft, Politik, Wirtschaft, Religion, Theologie, Kunst, Musik, Natur und Umwelt

dtv wissenschaft
Geschichte, Zeitgeschichte, Philosophie, Literatur, Musik, Naturwissenschaften, Augenzeugenberichte, Dokumente

dialog und praxis
Psychologie, Therapie, Lebenshilfe

Nachschlagewerke
Lexika, Wörterbücher, Atlanten, Handbücher, Ratgeber

dtv MERIAN reiseführer

dtv Reise Textbuch

Beck-Rechtsliteratur im dtv
Gesetzestexte, Rechtsberater, Studienbücher, Wirtschaftsberater

dtv junior
Kinder- und Jugendbücher

Wir machen Ihnen ein Angebot:

Jedes Jahr im Herbst versenden wir an viele Leserinnen und Leser regelmäßig und kostenlos **das aktuelle dtv-Gesamtverzeichnis.** Wenn auch Sie an diesem Service interessiert sind, schicken Sie einfach eine Postkarte mit Ihrer genauen Anschrift und mit dem Stichwort »dtv-Gesamtverzeichnis regelmäßig« an den dtv, Postfach 40 04 22, 8000 München 40.